I0815660

DIARIO DE UNA TRANSICIÓN HISTÓRICA

CLAUDIA SHEINBAUM PARDO

DIARIO DE UNA TRANSICIÓN HISTÓRICA

Formación: Alejandra Romero
Fotografías de interiores: Cortesía de la autora
Diseño de portada: Planeta Arte & Diseño / Erik Pérez Carcaño
Fotografías de portada y contraportada: © Jessica Ramírez

Bajo el sello editorial PLANETA M.R.
Avenida Presidente Masarik núm. 111,
Piso 2, Polanco V Sección, Miguel Hidalgo
C.P. 11560, Ciudad de México
www.planetadelibros.com.mx

Primera edición en formato epub: octubre de 2025
ISBN: 978-607-39-3492-3

Primera edición impresa en México: octubre de 2025
ISBN: 978-607-39-3455-8

Impreso en los talleres de Litográfica Ingramex, S.A. de C.V.
Centeno núm. 162-1, colonia Granjas Esmeralda, Ciudad de México
Impreso y hecho en México – *Printed and made in Mexico*

ÍNDICE

PRÓLOGO

Este es el diario de uno de los momentos más extraordinarios que entrelazan mi vida con la historia de nuestro país, al que he decidido entregarme. También es un reconocimiento a quien transformó la vida pública de México: Andrés Manuel López Obrador, un líder que, con inteligencia, amor y compromiso con la gente, supo encabezar el rumbo de un pueblo decidido a cambiar su destino.

Con ideas firmes y una comprensión profunda de la historia de su patria, supo ganarse el corazón de las personas y colocó a México en la vanguardia de las naciones. Amado por su gente, sigue defendiendo, ahora desde las letras, un pensamiento sustentado en la grandeza de los pueblos originarios y en el legado de nuestros héroes y heroínas. Su lucha contra la corrupción en el Gobierno inspiró una nueva visión del quehacer político. En su frase «Por el bien de todos, primero los pobres» se condensan los principios del humanismo mexicano y de una economía moral que pusieron en el centro la dignidad de las mayorías. Quienes tuvimos el privilegio de luchar a su lado nos enorgullecemos de ser parte de este movimiento de transformación que él fundó.

La vida me colocó en un sitio que nunca imaginé. Lo asumo con la certeza de que servir a mi pueblo y a mi patria es el mayor privilegio. Mi deseo de participar en la transformación de México nació desde la infancia, cuando mi madre y mi padre sembraron en mí la semilla de la honestidad y la convicción por la justicia social. Con el paso del tiempo, la vida me trajo a este momento de diversas formas.

Mi cercanía política con Andrés Manuel López Obrador comenzó cuando, tras su triunfo en la jefatura del Gobierno capitalino, me invitó a formar parte de su gabinete como secretaria de Medio Ambiente del entonces Distrito Federal. Desde ese momento, me he mantenido siempre muy cerca del movimiento de transformación que él encabezó.

Este libro no es una historia personal, sino el relato de lo que viví durante esta transición: tres meses marcados por recuerdos, enseñanzas y anécdotas. A quien quiera acompañarme en estos momentos, le ofrezco con el corazón este testimonio de la hermosa historia que hoy transita nuestro México. Una historia en la que, junto al presidente López Obrador, me encontré en el centro de los acontecimientos. Pero tanto él como yo sabemos que el verdadero protagonista de este episodio no es otro que el pueblo.

Nos ha guiado una convicción profunda: solo el pueblo puede salvar al pueblo, y solo el pueblo organizado puede salvar a la nación. Hemos actuado por el deseo de justicia, libertad, democracia y paz, con la certeza de que la transformación debe venir desde abajo y ser para todas y todos.

Somos, junto con millones, eslabones entre lo mejor del pasado y la esperanza de un futuro más digno. En esta lucha no caben la arrogancia, la petulancia, la megalomanía ni el individualismo. Dejo aquí estas páginas como testimonio de un capítulo hermoso de mi vida, en el que tuve el privilegio de recorrer nuestro país al lado de un hombre al que, como dice el pueblo, es un honor acompañar. Gracias a quienes han confiado en mí. Entrego esta obra como prenda de mi compromiso, lleva el sello personal de mi convicción, de mi esfuerzo y del amor profundo que siento por mi patria.

Concluyo este prólogo agradeciendo a mi familia: a mi madre, a Moisés, a Rodrigo, a Mariana, a sus parejas y a sus peques; a Jesús, por su amor y paciencia, y a todas las personas que siempre han estado cerca a lo largo del camino. En especial, a Luisa.

UN POCO DE MI HISTORIA

Nací en 1962, en el seno de una familia de clase media de la Ciudad de México. Vivimos en Hacienda de Echegaray, en Naucalpan de Juárez, Estado de México, hasta que cumplí 12 años, cuando nos mudamos al barrio de San Lucas, en Coyoacán.

Cursé la preparatoria en el Colegio de Ciencias y Humanidades, plantel Sur. Estudié la licenciatura en Física en la Facultad de Ciencias, y posteriormente la maestría y el doctorado en Ingeniería en Energía en el posgrado de la Facultad de Ingeniería, todo ello en la UNAM.

Para realizar mis estudios de doctorado, pasé cuatro años, junto a mi entonces pareja y mis hijos, en el Lawrence Berkeley National Laboratory, vinculado con la Universidad de California en Berkeley. Tuve la oportunidad de formarme ahí gracias al apoyo de las becas otorgadas por la propia universidad.

Cuando regresé a México, en 1994, me incorporé como investigadora al Instituto de Ingeniería de la UNAM. Ahí formé un pequeño grupo de trabajo dedicado a temas de energía y medio ambiente. En aquella época, los salarios universitarios no eran muy buenos, así que durante un tiempo complementé mis ingresos con asesorías en la Comisión Nacional para el Ahorro de Energía y, más adelante, en la Gerencia de Estudios Económicos de la Comisión Federal de Electricidad. En 1998 tuve la oportunidad de participar en un diplomado del Colegio de México sobre Desarrollo Sustentable, que amplió mi perspectiva sobre la relación entre ciencia, política y justicia social.

Desde la preparatoria mantuve un vínculo cercano con los movimientos sociales. En mi casa, la política era un tema cotidiano: se hablaba con claridad en contra de los gobiernos priistas de aquellas épocas y, sobre todo, de política universitaria, pues mi madre, que había participado en el movimiento estudiantil de 1968, siempre apoyó los derechos laborales del personal académico, la democracia y las luchas sociales. Su compromiso fue una de las semillas que marcaron mi camino. Mi padre, por su parte, siempre estuvo atento a los acontecimientos políticos.

Desde mis años en el CCH participé activamente en los movimientos estudiantiles. Me sumé a la lucha del movimiento de rechazados, jóvenes que luchaban por el derecho a estudiar la preparatoria; protesté contra una modificación al estatuto de la UNAM que pretendía castigar la participación estudiantil; y formé parte del Comité Estudiantil de Solidaridad Obrero Campesina.

Asistí a círculos de estudio donde leíamos acerca de la historia de México: *Zapata y la Revolución mexicana*, de John Womack; *México insurgente*, de John Reed; y *La revolución interrumpida*, de Adolfo Gilly. Mientras estudiaba Física, participé junto a compañeros de la carrera en programas de alfabetización en Santa Úrsula Coapa y en la construcción de estufas de leña eficientes en la comunidad rural de Cheranástico, en la Meseta Purépecha, en Michoacán.

Entre 1986 y 1987, junto con decenas de miles de estudiantes, participé en el movimiento que conformó el Consejo Estudiantil Universitario. Nos movilizamos contra las reformas impulsadas por el entonces rector Jorge Carpizo, que elevaban colegiaturas y cuotas, eliminaban el pase automático de los CCH y las preparatorias a las licenciaturas, entre otras medidas. Aquel movimiento triunfó al lograr que dichas reformas se echaran para atrás y que posteriormente se hiciera un Congreso Universitario. Fue una experiencia profundamente formativa en todos los sentidos.

Mi generación también participó activamente apoyando al ingeniero Cuauhtémoc Cárdenas en sus candidaturas a la Presidencia de la República desde 1988. Muchos de nosotros nos afiliamos al Partido de la Revolución Democrática (PRD) desde su fundación. En mi caso, siempre fui militante de base. Nunca tuve interés en formar parte de su estructura. Desde ahí, admiré el papel de Andrés Manuel López Obrador cuando estuvo al frente del PRD, por su destreza política, su liderazgo organizativo y su discurso incisivo y contundente contra la corrupción y los privilegios. No fue sino hasta el año 2000, cuando ganó la Jefatura de Gobierno del entonces Distrito Federal, que me buscó. La llamada llegó a través de Pepe Barberán, un amigo universitario de mi madre, quien años antes había dirigido la tesis de licenciatura de mi hermano. No lo sabía en ese momento, pero esa llamada marcaría un antes y un después en mi vida.

Pepe, quien falleció en 2002, fue una persona extraordinaria. Cercano al ingeniero Cuauhtémoc Cárdenas, analizó el fraude electoral de 1988. Luego se volvió parte del círculo de confianza de López Obrador. Era una persona brillante. Formó a decenas de jóvenes en programación y bases de datos, especialistas en temas electorales.

Debió ser en agosto de ese mismo año cuando Pepe me buscó para hacerme una pregunta que cambiaría el rumbo de mi vida: si quería ser secretaria de Medio Ambiente en el gobierno entrante de AMLO. En ese entonces yo era académica de la UNAM y colaboraba en un grupo que había conformado el doctor Mario Molina, dedicado a estudiar y proponer soluciones a la contaminación del aire del Valle de México. No fue una decisión sencilla: tendría que dejar de lado mi carrera como académica y mi formación como investigadora para comenzar una nueva etapa en el servicio público. Después de conversarlo con mi familia y meditarlo profundamente, dije que sí.

Me reuní con el recién electo jefe de Gobierno en el Sanborns de San Ángel, al sur de la Ciudad de México, lo recuerdo bien. Andrés Manuel, a quien yo admiraba desde años antes, fue directo al grano: «¿Sabes cómo bajar la contaminación?». «Creo que sí», le respondí, no por intuición, sino porque lo habíamos trabajado a fondo. Esa respuesta sería uno de mis objetivos a alcanzar en mi nueva responsabilidad. En diciembre de ese mismo año pedí una licencia en la UNAM y me sumé al Gobierno de la ciudad. Así comenzó todo.

Fueron seis años intensos que dieron resultados. Durante ese tiempo, logramos reducir en un 30% los días en que la ciudad superaba los niveles de contaminación atmosférica permitidos. Además de la Secretaría de Medio Ambiente, López Obrador también me encargó coordinar la construcción del segundo piso del Periférico. Junto con Francisco Garduño, de la Secretaría de Transporte y Vialidad, también impulsamos el primer Metrobús sobre Insurgentes.

Cuando AMLO salió del Gobierno para postularse a la Presidencia de la República, después del desafuero en 2005, me pidió que me quedara para terminar la construcción del segundo piso del Periférico. Una vez inaugurado en mayo de 2006, lo fui a buscar para decirle que quería ayudarlo. En esa época se desató la terrible campaña «AMLO, un peligro para México». Me agradeció y me pidió que fuera su vocera y que me pusiera de acuerdo con Porfirio Muñoz Ledo y con César Yáñez. César me dijo que debía recibir un entrenamiento y, para ello, me llevó con Rosa Icela Rodríguez e Iván Escalante, quienes tenían un centro de monitoreo de medios en la calle de Tamaulipas, en la colonia Condesa.

Durante dos meses combatimos muchas de las mentiras que se decían del gobierno de López Obrador en la ciudad. Participé en debates y me tocó informar sobre los actos de corrupción de Felipe Calderón cuando fue secretario de Energía en el gobierno de Fox, y de cómo su cuñado había obtenido contratos en el Instituto Federal Electoral.

El 2 de julio se consumó el fraude electoral. Al día siguiente llegué a la oficina de AMLO, en la calle de San Luis Potosí, en la colonia Roma. Le propuse formar un grupo para analizar lo ocurrido. Lo hicimos junto a muchas y muchos que habían sido formados justamente por Pepe Barberán. Paralelamente, Octavio Romero y otros equipos hicieron lo propio. Al revisar las actas, encontramos innumerables inconsistencias. Mientras tanto, AMLO preparaba la resistencia civil pacífica. De las calles surgió una consigna clara y poderosa: «Voto por voto, casilla por casilla». La gente estaba convencida de que, si se contaban los votos, el triunfo iba a ser de Andrés Manuel López Obrador.

Después de varios Zócalos llenos, vino el plantón en Paseo de la Reforma. Se desató contra nosotros una campaña de difamación. En su mayoría, los medios no cesaron en su empeño por deslegitimar el movimiento. Pero, de no haber sido por esa acción, la tensión nacional pudo haberse vuelto violenta, pues el régimen de Fox y Calderón, respaldado por los poderes económicos y mediáticos, parecía dispuesto a reprimir. AMLO eligió otro camino: encauzar el descontento social por la vía pacífica y sostener la protesta sin ceder a la violencia. Fue una contención histórica, nacida de la convicción y la responsabilidad.

Después de la movilización contra el fraude, AMLO convocó a la Convención Nacional Democrática, a la formación del Frente Amplio Opositor con los partidos políticos que lo habían apoyado y a la constitución del Gobierno Legítimo. Tras el levantamiento del plantón de Reforma y de la consumación del fraude electoral, en enero de 2007 regresé a mi labor como académica al Instituto de Ingeniería de la UNAM. Impartía clases en la maestría de Ingeniería en Energía, dirigía tesis de licenciatura y posgrado, publicaba artículos, atendía a mi familia, y dedicaba muchas horas y días al apoyo del movimiento.

En esos años recibí varios reconocimientos académicos: obtuve el nivel más alto de estímulos al desempeño docente que otorga la UNAM; fui nivel II del Sistema Nacional de Investigadores, editora en diversas revistas internacionales, y miembro del Panel Intergubernamental de Cambio Climático y de la Comisión para Políticas del Desarrollo de Naciones Unidas.

No menciono estos hechos por arrogancia, sino para dejar constancia de que nunca descuidé mis responsabilidades: cumplir con mi trabajo, del cual vivía y aportaba para el cuidado de mi familia, y contribuir, desde el conocimiento, a la vida pública. Amé —y aún amo— el trabajo académico y la relación con los estudiantes. Incluso debo confesar que lo extraño. Desde muy joven imaginé que ese sería mi destino: ser profesora e investigadora en la UNAM. Quizá por la profunda admiración que sentía por mi madre. O tal vez porque los amigos de mis padres, en su mayoría académicos de la UNAM, encarnaban para mí un horizonte fantástico.

En 2006, después del fraude electoral, con la formación del Gobierno Legítimo Andrés Manuel López Obrador me nombró secretaria del Patrimonio Nacional. Mi tarea, además de participar en debates sobre la defensa de los bienes de la nación, era organizar el Gobierno Legítimo en los estados de Querétaro y San Luis Potosí. Esa era su manera de asignar responsabilidades: darnos lugares para seguir transformando las conciencias.

Cada 15 días, y a veces cada semana, salíamos en mi Renault Clío rumbo a esos estados. Manejaba Pedro Zenteno y, en ocasiones, me acompañaban Héctor García Nieto o Carlos Ulloa. No teníamos más recursos que los que yo podía aportar. Dormíamos en hoteles modestos y comíamos con austeridad. Nuestra labor consistía en afiliar simpatizantes al Gobierno Legítimo entregándoles unas credenciales de cartón con mica plastificada, diseñadas por el propio presidente legítimo.

No era fácil. La campaña mediática contra López Obrador y quienes lo acompañábamos había dejado huella. En Querétaro estaba de responsable Sinuhé Piedragil, quien hoy es diputado local en ese estado. Cada vez que cruzábamos a San Luis Potosí, el entonces gobernador panista, Jesús Marcelo de los Santos, enviaba dos vehículos a seguirnos. En ese mismo estado nos sumamos a la resistencia contra la minera canadiense San Xavier, responsable de la devastación del cerro que aparece en el escudo de armas potosino. Recuerdo con cariño y nostalgia aquellos tiempos. Fueron jornadas intensas.

En 2008 coordiné a las mujeres en defensa del petróleo para oponernos a la reforma energética propuesta por el gobierno de Felipe Calderón. Bautizamos a ese esfuerzo colectivo «Las Adelitas», en homenaje a las mujeres que participaron en la Revolución mexicana. Mientras organizábamos movilizaciones pacíficas en las calles aledañas al Senado de la República, legisladoras como Rosalinda López y Layda Sansores, entre otros servidores públicos, tomaron la tribuna durante varios días. Así logramos detener la primera parte de la reforma. Recuerdo que, en una ocasión, enviaron a mujeres de la Policía Federal totalmente equipadas —las llamábamos *robocops*— para desalojarnos de las calles en las que nos manifestábamos alrededor del Senado (en aquellos años, la sede estaba en la calle de Xicoténcatl, en el centro de la Ciudad de México) y que pudiesen entrar los senadores a votar. Entonces nos sentamos agarradas de los brazos y comenzamos a cantar el himno nacional. Eso evitó que nos reprimieran. Logramos que se abrieran foros de discusión públicos y, aunque finalmente se aprobó una versión con ciertos ajustes, el núcleo de la propuesta original enviada por Calderón permaneció.

Más adelante, López Obrador me propuso coordinar la construcción de casas del movimiento de transformación en todo el país. Se trataba de centros donde pudiera sembrarse organización, informar, escuchar y convocar a la actividad política. En 2011 impulsó la creación de una asociación civil. Él sabía que el PRD se había alejado de su causa fundacional, que había perdido el rumbo y que era necesario abrir un nuevo camino: una opción para el pueblo de México. Así nació el Movimiento Regeneración Nacional.

Sin embargo, para la campaña de 2012, todavía compitió con las siglas del PRD, el PT y Convergencia (hoy Movimiento Ciudadano). En ese entonces me pidió —como acostumbraba hacerlo con todos los que pertenecíamos al movimiento— coordinar cuatro distritos electorales de la Ciudad de México y seis distritos de Puebla para apoyar a José Agustín Ortiz Pinchetti, quien era el responsable de ese estado y necesitaría mi seguimiento específicamente en Izúcar de Matamoros, Atlixco, Tepeaca, Tecamachalco, Tehuacán y Ajalpan.

Tras la elección presidencial, marcada por la compra masiva de votos y el regreso del PRI a la Presidencia, AMLO convocó a una serie de asambleas de simpatizantes en todo el país. Quería que el rumbo del movimiento lo decidiera la gente. ¿Debíamos continuar como movimiento o constituirnos en partido político? Me tocó coordinar las asambleas en los distritos donde había trabajado durante la campaña. El resultado fue contundente: 99% a favor de formar un nuevo partido.

Así comenzó el proceso de fundación de Morena. En una reunión a la que fuimos convocados Jesús Ramírez, Raquel Sosa, Octavio Romero, César Yáñez y yo, López Obrador nos pidió colaborar en la redacción de los documentos fundacionales del partido. A mí me correspondió la Declaración de Principios. Después vinieron asambleas en todo el país para elegir dirigencias estatales y, más tarde, el primer Congreso Nacional de Morena. Una vez más me tocó ser la moderadora de todo el encuentro. Ahí fueron elegidos Martí Batres como presidente y Bertha Luján como secretaria general. Después iniciaron las asambleas para obtener el prerregistro como partido político y poder participar en la elección de 2015.

En 2014 lo fui a buscar. Le propuse ayudar en ese proceso participando en la encuesta para la jefatura delegacional de Tlalpan, lugar donde había vivido desde hacía 25 años. En aquella época, casi nadie quería las candidaturas: no teníamos registro ni recursos y las posibilidades de triunfo eran mínimas. Tan solo en el distrito V de Tlalpan para la diputación federal, tardamos dos meses en encontrar una candidata que estuviera dispuesta a participar.

Gané la jefatura delegacional. El Gobierno municipal o delegacional (ahora alcaldía en el caso de la Ciudad de México) es difícil por la falta de recursos, pero es hermoso por la cercanía con la gente. A finales de 2016 tomé una decisión. Como lo cuenta el mismo AMLO en su libro *¡Gracias!*, él me había propuesto ser secretaria de Gobernación en caso de ganar la Presidencia. Pero yo tenía otro propósito: quería competir por la ciudad. Aun así, lo apoyé en la elaboración del Proyecto de Nación. Me tocó coordinar el grupo de trabajo y redactar la versión final del capítulo de Seguridad y Gobierno. Fue mi manera de seguir construyendo, desde la palabra y desde la visión de futuro que compartíamos.

Participé en la encuesta interna de nuestro movimiento para la Jefatura de Gobierno. La gané. Desde la ciudad acompañé a AMLO en la campaña de 2018. Su triunfo fue algo hermoso. Se hizo realidad el anhelo de la transformación pacífica de nuestro México. Esa noche fue una fiesta popular en todo el país. El Zócalo se llenó de forma espontánea. Habíamos ganado también la ciudad.

Fui jefa de Gobierno del 5 de diciembre de 2018 hasta junio de 2023. Gobernar la capital fue un privilegio: es una ciudad hermosa con un pueblo participativo, generoso y consciente. Entre otros logros, construimos tres líneas de Cablebús, un Trolebús elevado y una nueva universidad con más de 50 000 estudiantes. Creamos 300 espacios comunitarios llamados Puntos de Innovación, Libertad, Arte, Educación y Saberes, (PILARES), donde la educación y la cultura se volvieron derechos reales y accesibles, y becamos a todos los estudiantes de nivel básico. Redujimos en 50% los homicidios dolosos y en 60% los delitos de alto impacto, y muchas otras cosas más.

En junio de 2023 dejé el cargo. Lo hice para participar en la encuesta interna de Morena rumbo a la Presidencia de la República. Era el comienzo de otra etapa, sí, pero con el mismo compromiso. A veces pienso en aquella primera llamada, años atrás, que me llevó hasta allí. No sabía entonces todo lo que vendría.

Domingo 2 de junio al lunes 10 de junio de 2024

El 2 de junio, después de diez meses de recorrer el país —primero para ganar la encuesta interna de nuestro movimiento; luego, para organizar y convencer durante la precampaña y la campaña sobre la importancia de dar continuidad a la Cuarta Transformación—, llegó el resultado. Ganamos con casi 60% de los votos, 32 puntos por encima del segundo lugar. Ganamos también la mayoría calificada en la Cámara de Diputados y en el Senado, la mayoría de los congresos locales, así como siete de las nueve gubernaturas en juego.

¿Cómo explicar un triunfo tan contundente? Es importante hacer un análisis profundo del proceso mexicano, pero hay tres elementos que, a mi juicio, resumen la reflexión. El primero: los logros del sexenio del presidente Andrés Manuel López Obrador y la revolución de las conciencias que despertó en millones de personas. El segundo: que siempre defendí con claridad y convicción la necesidad de continuar y avanzar con el proyecto de transformación que la gente deseaba y respaldó. Y el tercero, aunque no menos importante: el «tiempo de mujeres» no fue solo una consigna, sino parte de un reconocimiento de la sociedad y un empoderamiento real de las mujeres.

Ese mismo día, cuando el Instituto Nacional Electoral (INE) dio los resultados preliminares, el presidente AMLO me llamó para felicitarme. Le respondí con una frase sencilla, pero cargada de historia compartida: «Ganamos el plan C», es decir, la Presidencia y la mayoría calificada en el Congreso. Reímos de felicidad. No solo por la victoria, sino por lo que significaba para nuestro movimiento: el respaldo contundente al proyecto de transformación y al mandato popular de continuar con el cambio.

El domingo 9 de junio el INE dio el resultado definitivo del cómputo distrital. Meses después, hasta septiembre de 2024, la Sala Superior del Tribunal Electoral del Poder Judicial de la Federación resolvió las impugnaciones. El triunfo se ratificó y se hizo oficial. La voluntad popular quedó escrita y, junto al pueblo mexicano, seguimos haciendo historia.

El lunes 10 de junio, el presidente López Obrador me invitó a comer a Palacio Nacional. Me esperó en la puerta. Nos abrazamos, felices. No era solo una victoria electoral. Era el triunfo de un movimiento. El de la justicia social, el del pueblo, el de los de abajo. El de las mujeres que, paso a paso, fuimos abriendo camino hasta llegar al centro de la historia. Porque no llegué sola hasta aquí, lo he dicho y lo repito: llegamos todas.

Ese día hablamos de muchas cosas, pero hubo un tema central: la reforma al Poder Judicial. Le propuse organizar foros para recoger algunas propuestas. Estuvo de acuerdo. Los dos coincidimos, sin embargo, en que la elección popular de los jueces no estaba a discusión, pues ya había sido parte de la campaña y decidida por el pueblo. También me insistió en dar continuidad a varias obras y proyectos que quedarían pendientes. Le dije que sí; por supuesto que estuve de acuerdo.

Ahí mismo me invitó a realizar una gira por el país y acepté con gusto. Yo ya había planeado recorrerlo para agradecer la confianza del pueblo, pero hacerlo juntos tenía más sentido. Sería un gran hecho histórico recorrer el país con quien había iniciado este movimiento, cerrar un ciclo y abrir otro.

Terminando la comida, usé la sala de prensa del salón de la Tesorería de Palacio Nacional para informar sobre la plática. Así empieza esta crónica reflexiva sobre un momento único en la vida de México.

Nunca en la historia del país se había visto una transición como esta. Ni siquiera en los viejos tiempos del priismo. En el pasado, el presidente electo solía marcar distancia de su antecesor, trazar un nuevo rumbo. Esta vez no fue así, no hacía falta. Porque formamos parte de un mismo proyecto de transformación.

Para mí, el presidente López Obrador es el gran dirigente político del siglo XXI. Mi lugar en la historia no consiste en negar o anular el pasado, sino en reconocer que partimos de un gran avance y debemos construir hacia adelante. El pueblo ha pedido continuidad y avance de la transformación que emprendimos hace décadas y que tuvo resultados en el sexenio de AMLO. Mi forma de gobernar es propia y las decisiones que tomo también, siempre pensando en mi pueblo y en mi país, sin traicionar mi origen ni aquello en lo que creo.

Comparto una parte de un texto que escribí el día en que nos reunimos las y los gobernadores, la dirigencia de nuestro movimiento y quienes habíamos participado en la encuesta para la Presidencia, en septiembre de 2023, cuando AMLO me entregó el bastón de mando del movimiento en una ceremonia muy sencilla.

Presidente Andrés Manuel López Obrador
Gobernadores, gobernadoras
Compañeras y compañeros:

Tomo este bastón de mando, representación de los valores más profundos de nuestra historia viva, de los pueblos indígenas, con orgullo y compromiso, con humildad, pero con la plena responsabilidad de continuar el rumbo trazado por nuestro pueblo: el de la transformación que ha iniciado el presidente AMLO. Tengan la certeza de que voy a estar a la altura de las circunstancias, que vamos a caminar juntas y juntos en unidad y que jamás traicionaré el anhelo de seguir construyendo un México aún más justo, fraterno, soberano, libre y democrático.

Licenciado Andrés Manuel López Obrador, dirigente de nuestro movimiento, presidente de la República:

Estamos orgullosos y orgullosas de caminar junto a su liderazgo incansable. Lo digo fuerte para que se oiga lejos: es un honor estar con Obrador. Es un honor haber caminado junto a usted cuando fue jefe de Gobierno; cuando lo desaforaron; cuando cometieron el fraude de 2006; con el Gobierno Legítimo; cuando luchamos por la defensa del petróleo con Las Adelitas; cuando se formó Morena como asociación civil; cuando se formó como partido político; cuando luchamos contra la reforma energética del 2013; en el triunfo de 2018, como jefa de Gobierno y usted como presidente. Es un honor haber caminado junto a usted en aquella histórica marcha del 27 de noviembre y es un honor recibir de sus manos este bastón de mando. Usted, querido presidente, por muchos años ha representado y representa el anhelo de justicia del pueblo de México. Con su energía y empuje ha cambiado para bien la historia de nuestro país. Usted, querido presidente, es un referente ético y moral que nos ha enseñado a no caernos frente a ninguna adversidad, a no arrodillarnos frente al poder del dinero, a confiar en el pueblo y su dignidad, y a que, cuando hay revolución de las conciencias y un pueblo que se empodera y reconoce su fuerza y su historia, no hay nada que lo detenga. Sepa, querido presidente, que siempre tendrá nuestro apoyo y cuidaremos su gran legado, y sepa que el cierre de su gobierno será espectacular, porque una vez más, con el pueblo de México, estaremos haciendo historia. [...]

Hoy la vasta mayoría en nuestro país sabe que el humanismo mexicano da resultados, fortalece la economía y nuestra moneda; da estabilidad política, crea riqueza, la distribuye y disminuye la pobreza. Por eso hablamos de continuar el cambio verdadero y continuar la transformación que significa garantizar que México seguirá siendo cada vez más de todas y de todos, con un mandato que no podemos traicionar: el que establece que la democracia, la libertad, la fraternidad y la verdadera justicia se hacen realidad cuando se apoya a las y los de abajo y que un país no puede prosperar cuando solo se favorece a los más prósperos; que no hay prosperidad si no es compartida, o de forma más clara, que, por el bien de todos, primero los pobres.

Por ello, la transformación es un camino que no tiene retorno, que no tiene vuelta; es un camino que no tiene marcha atrás. [...]

En adelante, lo que presento es un pequeño diario que fue creciendo conforme pisábamos más lugares. Lo que sigue no es más que el registro de la generosidad y el entusiasmo con los que la gente nos recibió en cada lugar.

Viernes 14 de junio de 2024, primera gira. Coahuila, Tamaulipas y Durango

El viernes 14 de junio de 2024 salí de la Ciudad de México, donde he vivido la mayor parte de mis, hasta entonces, casi 62 años de vida. Ese día tomé el vuelo comercial de las seis de la mañana rumbo a Monterrey, Nuevo León. Al llegar, el aeropuerto parecía una fiesta. No era para menos: en una entidad tradicionalmente conservadora, ganamos con 11 puntos de ventaja, además de las dos senadurías y siete de las 14 diputaciones federales.

El destino final no era Monterrey, sino la región carbonífera de Coahuila, a poco más de cuatro horas por carretera. Subimos a la camioneta que nos había acompañado durante toda la campaña. Alejandro iba al volante y Paulina en el asiento trasero. Detrás, en otro auto, venía parte de la «palomilla», como llamé al grupo de jóvenes fotógrafas y fotógrafos entusiastas que me acompañaron documentando cada paso de nuestras actividades durante el largo proceso electoral.

Llegamos a Nueva Rosita, en el municipio de San Juan de Sabinas. Ahí nos encontramos con el presidente López Obrador, con Luisa María Alcalde, secretaria de Gobernación, y con Marath Bolaños, secretario del Trabajo. Ambos han sido parte esencial de esta transformación. Luisa y Marath vienen desde los días del Morenaje, es decir, del grupo Morena

Jóvenes y Estudiantes que se formó en la campaña de 2012. Hoy son parte del relevo generacional de este movimiento que no deja de crecer.

Pude haber volado con el presidente en uno de los aviones de la Fuerza Aérea Mexicana (FAM), pero no lo hice. Aún no se ratificaba mi triunfo en el Tribunal Electoral, así que no me parecía correcto. Para mí, la austeridad, la honestidad y la rectitud son valores fundamentales que aprendí desde casa y que he conservado a lo largo de mi vida.

Siempre he creído que la honorabilidad es lo que otorga el prestigio a una persona en la sociedad. Lo que trasciende no es la fama, el poder o el dinero, sino la honestidad y la consistencia entre el pensar y el hacer de una persona.

En 2014, durante la campaña por la jefatura delegacional en Tlalpan, conocí a un trabajador universitario que me dijo que apoyaría mi candidatura porque, años atrás, había trabajado con mi madre, cuando ella era responsable del posgrado de la UNAM. Habló de ella con cariño y respeto, y me platicó que era una de las personas más rectas que había conocido en su vida. Atesoro ese momento, porque a veces basta un gesto así para recordarnos de dónde venimos.

En el pueblo de Santa Rosita está ubicada la mina Pasta de Conchos. ¿Por qué eligió el presidente López Obrador ese lugar como el primer punto de nuestro recorrido? Porque para él todo tiene un significado de memoria, justicia e historia. Sin duda, Pasta de Conchos concentra eso y más. Es un lugar en el que se cruzan el dolor, la impotencia y la injusticia del pasado con la esperanza, la dignidad y una visión solidaria y humana del presente.

El 19 de febrero de 2006, quedaron atrapados 65 mineros, presumiblemente a causa de una explosión de gas metano. La mina de carbón era propiedad de Grupo México, la empresa minera más grande del país. En ese momento, el presidente era Vicente Fox. Durante días, el país entero estuvo atento a su posible rescate. Veíamos la cobertura en la televisión, con la esperanza de que ocurriera un milagro.

Pero pronto incluso esa posibilidad quedó enterrada. La tarde del 25 de febrero, de forma abrupta, Grupo México declaró que no había posibilidad de supervivencia y aseguró que era riesgoso seguir. Al día siguiente, los entonces secretario del Trabajo, Francisco Javier Salazar, y el gobernador de Coahuila, Humberto Moreira, anunciaron el cierre indefinido de la mina y prometieron a las familias seguir con la búsqueda de los cuerpos. Nunca lo hicieron. No fue sino hasta el gobierno del presidente López Obrador que aquella promesa que él mismo había hecho durante su campaña de 2006, comenzó a hacerse realidad: destinar recursos y tecnología para buscar los restos de los mineros de Pasta de Conchos.

Llegamos al evento. Dos días antes, tras cinco años de trabajo continuo, habían sido encontrados los primeros restos humanos. Estaban en uno de los túneles de la mina, a más de 150 metros de profundidad.

Desde hace décadas, Santa Rosita es más que un punto en el mapa. Es símbolo de la lucha, la dignidad y la resistencia de los mineros y sus familias. En 1950, los mineros de este pueblo —entonces empleados por la compañía estadounidense Mexican Zinc Co.— iniciaron una huelga en demanda de condiciones más justas. La Junta de Conciliación y Arbitraje de aquella época declaró ilegal el paro. Y el Ejército, enviado por el entonces presidente Miguel Alemán, disolvió y reprimió su movilización.

Pero no se rindieron. Organizaron una marcha de 1 500 km hasta la Ciudad de México. Así nació la Caravana del Hambre. Su objetivo era reunirse con el presidente, contarle en carne propia lo que ocurría en sus minas. Pero no los recibió. Miguel Alemán les cerró las puertas. Cuando llegaron al entonces Distrito Federal, los confinaron en el Deportivo 18 de Marzo. Después, los subieron a la fuerza a vagones de ferrocarril para enviarlos de vuelta.

Décadas más tarde, en 1991, Andrés Manuel también marcharía por haber sido víctima de fraude electoral. Desde su natal Tabasco, caminó hacia la capital. Su caravana se llamó el «Éxodo por la Democracia». Actos similares se repetirían años después.

Finalmente, llegamos a la asamblea. Ahí estaban las familias de los mineros fallecidos. Los deudos. Sentí un nudo en la garganta al verlos; habían cargado con el dolor durante años y, aun así, sonreían. Estaban felices con la presencia del presidente. También me tendían la mano, me arropaban. La ternura y la generosidad de la gente son hermosas.

Luisa María Alcalde, entonces secretaria de Gobernación, el presidente AMLO y yo tomamos la palabra. Los discursos fueron breves pero significativos. En el suyo, María Alcalde relató el rescate, el cual había estado bajo su coordinación desde que fue secretaria del Trabajo.

Recordó que en mayo de 2019 el presidente anunció el inicio de los trabajos de rescate. Para eso, explicó, un equipo técnico conformado por 21 expertos nacionales y extranjeros concluyó que, a diferencia de lo que se dijo en 2006 y 2007, cuando las autoridades y la empresa minera suspendieron la búsqueda, el rescate sí era posible.

El diagnóstico era contundente. Tras los estudios del Servicio Geológico Mexicano, se determinó que se necesitaba una nueva rampa, lo cual tomaría al menos cuatro años de trabajo y una inversión considerable. La tarea se asignó a la Comisión Federal de Electricidad (CFE).

También recordó que, en 2020, el presidente consultó a las familias. Les ofreció dos caminos: continuar con el rescate o recibir una reparación integral que incluía una indemnización, viviendas y un memorial. No hubo consenso. 52 familias eligieron la reparación, mientras que 12 prefirieron el rescate. La decisión del Gobierno fue cumplir con ambas cosas.

Y así fue. Se indemnizó a las familias, se entregaron las viviendas y se levantó un memorial en honor a los mineros. Avanzó la búsqueda. Finalmente, días antes del evento, fueron localizados restos humanos y herramientas de trabajo en una de las galerías de la mina, con lo cual inició su identificación con apoyo de autoridades forenses. Luisa María cerró con algo que nos tocó a todas y todos: este esfuerzo sentaba un precedente. En México, a los mineros no se les abandona. La justicia puede tardar, pero siempre vale la pena buscarla hasta el final.

Cuando fue mi turno, tomé el micrófono, inquieta. Compartí la profunda emoción que sentía al estar frente a los familiares de las víctimas de lo acontecido en Pasta de Conchos. Lo primero que sentí fue gratitud. Agradecí que me permitieran acompañarlos en ese momento tan significativo, tan lleno de historia y memoria.

Reconocí su dolor. Un dolor que durante 19 años no ha sido solo suyo, sino de todo México. Porque, como pueblo solidario que somos, compartimos tanto el llanto como la esperanza.

También destaqué lo que fue evidente durante esos años: su lucha incansable por rescatar a sus seres queridos y exigir justicia. Ejemplar. Aclaré, como corresponde, que serían las fiscalías las que determinarían las responsabilidades. Pero resalté algo importante: el presidente López Obrador cumplió su palabra. Honró su compromiso. Demostró que la justicia también significa actuar. Atender el dolor no con discursos, sino con hechos.

Dije entonces —y lo creo con todo el humanismo que define a la Cuarta Transformación— que aquí no hay lugar para la indiferencia ante el sufrimiento ajeno. Estos esfuerzos no son gestos aislados; nacen de una convicción profunda que caracteriza a nuestro movimiento.

Subrayé que los avances en el rescate no solo significaban hallar restos o evidencias. Eran pasos hacia algo más grande: ayudarían a sanar heridas tanto familiares como nacionales. Porque hay ausencias que también duelen en lo colectivo. Y frente a esas familias, hice un compromiso personal: si el rescate no concluía antes de mi toma de protesta, lo continuaría con la misma fuerza. Con la misma determinación. No por ser una promesa política, sino por convicción propia.

Les agradecí una vez más por su resistencia y ejemplo. Agradecí también al equipo del presidente —Luisa María Alcalde, Marath Bolaños, Manuel Bartlett y a la Comisión Federal de Electricidad (CFE)— por su entrega fraterna. Por hacer de esta labor una causa compartida. Cerré reafirmando que, como servidores públicos, nuestra esencia es estar ahí, acompañar al pueblo. «No han estado solos, ni lo estarán», dije. A la fecha de esta publicación se han entregado 23 cuerpos a sus familias.

Después habló el presidente Andrés Manuel López Obrador. Con esa mezcla de historia, memoria y presente que lo caracteriza, dijo que era un honor estar en Nueva Rosita. Un lugar simbólico para iniciar una gira conmigo. No era un sitio cualquiera, era un lugar donde la justicia se volvió realidad. Destacó la fuerza de la lucha de los mineros, su lucha incansable por la justicia, y recordó su propio Éxodo por la Democracia en los años noventa. Era como decir que cada paso dado entonces hizo posible estar acá, tantos años después, en una lucha compartida.

Dijo que, después de tantos años de esfuerzo, por fin se habían encontrado los restos. Que ese hallazgo abría la posibilidad real de cumplir lo que las familias habían esperado por casi dos décadas. Nombró también la urgencia de reactivar la economía de la región, en especial la situación de Altos Hornos de México, una de las siderúrgicas más importantes del país que había cerrado a causa de la corrupción del pasado. Me pidió que, si en lo que quedaba de su periodo no se resolvía, le diera seguimiento. Por supuesto, me comprometí.

Reconoció la perseverancia de las familias. En especial, la de las mujeres, así como el apoyo de organizaciones de derechos humanos y de la Iglesia. Agradeció también el respaldo a quienes lo acompañaron en este proceso desde distintas partes del país. Porque este caso, reiteró, marcó un precedente para México: aquí ningún minero será abandonado. Reconoció el gran esfuerzo de la CFE y de su director Manuel Bartlett, quien estuvo a cargo de los trabajos para reabrir la mina con el objetivo de rescatar a los mineros.

Finalmente, sonrió y bromeó con su cansancio tras tantos años de lucha encima, pero enseguida reiteró que cada esfuerzo había valido la pena. Me presentó. Fue la primera vez que dijo algo que después repetiría en todos los eventos públicos que tuvimos en la gira: «Es algo extraordinario que una mujer llegue a la Presidencia». Con palabras generosas dijo que estaba seguro de que iba a ser una buena presidenta.

Antes de despedirse, anunció que, en agosto de 2024, las familias visitarían Palacio Nacional y que, en septiembre de ese mismo año, Andrés Manuel y yo regresaríamos juntos a ese mismo lugar. Así lo hicimos. Como dije anteriormente, para agosto de 2025, se han rescatado 23 cuerpos de los mineros de Pasta de Conchos.

En el asiento de atrás y recuerdos

Terminó el evento y subí al vehículo del presidente para dirigirnos a El Pinabete, una mina de la región carbonífera donde, el 22 de agosto de 2022, ocurrió otro lamentable accidente. Ahí también se emprendió una búsqueda prolongada para rescatar a los mineros fallecidos.

Lo primero que me sorprendió fue ver a AMLO sentarse en la parte trasera de la camioneta, a mi lado. Siempre había ocupado el asiento del copiloto, al frente, junto al chofer. Varias veces lo había escuchado decir: «No sean de esos que se sientan atrás y el chofer adelante solo. Eso muestra privilegio y discriminación».

Que ese día se pusiera en la segunda fila, dejando a Rojas, encargado del volante, y a Daniel, quien acompañaba siempre al presidente en el asiento de adelante, fue un gesto que puede parecer menor, pero que en López Obrador tenía un sentido profundo. Con ese pequeño detalle expresaba que íbamos juntos, como iguales.

No recuerdo quién escribió que el carácter de las grandes personas se revela en los pequeños detalles. Para mí, ese fue uno de ellos. AMLO nunca se ha asumido como un ser superior, como muchos personajes de las clases altas de nuestro país o muchos gobernantes del pasado. Entiende lo que representa, pero no se ha dejado atrapar por el poder. Su generosidad y sencillez lo definen, y eso lo vuelve, a la vez, más cercano y más trascendente.

Antes de que AMLO fuera presidente, siempre le hablé de tú. Cuando asumió la Presidencia, comencé a hablarle de usted. Una vez, ya como jefa de Gobierno, en una reunión en su oficina, le pregunté cómo prefería que me dirigiera a él. Me respondió que de tú. Sin embargo, no pude, por eso seguí hablándole de usted. Me siento más cómoda y así creo que debe ser siendo el presidente.

Debo confesar que no había viajado con él en muchas ocasiones, aun cuando lo conozco desde hace 25 años. En realidad, lo conocía desde antes, pero hasta el año 2000 yo era una académica universitaria y una militante de base.

Muchos recuerdos me vienen a la mente. Cuando fui secretaria del Medio Ambiente y él era jefe de Gobierno de la ciudad, en 2001, me convocó para llegar juntos a la Comisión de Recursos Naturales en San Luis Tlaxialtemalco, Xochimilco. Íbamos a entregar los primeros apoyos del suelo de conservación a campesinos, responsabilidad de mi secretaría.

Viajamos en su famoso Tsuru blanco. Manejaba Chuy Falcón. AMLO iba al frente y yo en el asiento de atrás. Cuando íbamos en avenida Revolución, le dijo a Chuy: «¡Detente, detente, vamos por unas tortas a La Castellana!». Nos paramos. AMLO no era tan conocido entonces, ni había celulares para tomarse una *selfie,* pero quienes nos atendieron se sorprendieron. Yo comí una torta de pierna; no recuerdo cuál eligió él.

También tengo presente una gira a Puebla durante la campaña de 2012. Cuando me tocó cubrir seis distritos electorales en Puebla, AMLO encabezó tres asambleas en los distritos que me tocó coordinar. Ahí ya manejaba el querido y admirado Alberto Rojas, Rojitas, quien estuvo al borde de la muerte durante la pandemia, y de milagro, se salvó. Sencillo, inteligente, ha sido el responsable de la logística de los traslados de AMLO por todo el país desde 2007, incluyendo todo su sexenio. Recuerdo que, en aquel entonces, la velocidad del vehículo era vertiginosa. Ahora, en cambio, vamos en camioneta por las carreteras de Coahuila con el mismo Rojas al volante, pero el ritmo es mucho más sereno.

Reunión con familiares de la mina El Pinabete

El 22 de agosto de 2022, una ruptura en la pared de la mina provocó la entrada repentina de agua mientras los mineros trabajaban. Fue un hecho muy lamentable. El presidente López Obrador instruyó que se hiciera todo lo necesario para recuperar los cuerpos. Para junio ya se habían encontrado cuatro.

El trabajo de CFE era impresionante. Para ese momento, sus trabajadores habían retirado más de 2.3 millones de metros cúbicos de suelo y roca, bombeado millones de metros cúbicos de agua y realizado 1 167 perforaciones, con una longitud acumulada de más de 47 kilómetros.

Aquella reunión fue cerrada. Me comprometí a continuar con el proceso en caso de que no concluyera en septiembre. Estábamos frente a familias solidarias que se cuidan y protegen entre ellas y que, a pesar de su dolor, mantienen la esperanza y se unen para salir adelante. Para mayo de 2025, todos los cuerpos de los mineros de El Pinabete habían sido entregados a sus familias.

Rumbo a Nuevo Laredo

Fueron cuatro largas horas de camino desde El Pinabete hasta Nuevo Laredo. Recorrimos la carretera La Ribereña, que bordea el río Bravo, en la frontera norte. En el trayecto, le compartí al presidente algunos detalles de nuestro triunfo electoral del 2 de junio: la forma en que nos organizamos con millones de voluntarias y voluntarios que recorrieron casa por casa. Le recordé también la primera vez que fui candidata y gané una elección, en 2015, cuando Morena participó por primera vez como partido político. Entonces fui candidata a la jefatura delegacional de Tlalpan, en la Ciudad de México. En dos ocasiones me propuso ser diputada plurinominal y en ambas ocasiones preferí decir que no.

Conversamos sobre cómo en 2015 el contexto era muy distinto. Habíamos decidido fundar un nuevo partido político, pues la dirigencia del PRD ya no representaba el cambio por el que tantas personas habíamos luchado. Particularmente en 2012, con la llegada de Peña Nieto, pues se firmó el llamado Pacto por México, y con él se avalaron reformas estructurales como la educativa, así como la apertura del sector energético al capital privado y la privatización del petróleo.

Permanecer en esa organización ya no era posible; se corrompió hasta perder sus principios. La decisión de construir un nuevo partido político se tomó colectivamente, en asambleas realizadas en todo el país. Más del

99% de quienes participaron votó a favor de conformarlo, frente a la alternativa de seguir como movimiento social. En la elección de 2015, Morena participó por primera vez en las urnas. Necesitábamos obtener al menos 3.5% de los votos para conservar el registro. Alcanzamos casi el nueve y, con ello, el registro.

Recordamos muchos momentos de aquellos años fundacionales, entre ellos, la formación de Morena. Hablamos también de compañeros que ya no están, como Pérez Mendoza, periodista tabasqueño que siempre lo acompañó; Pepe Zamarripa; el embajador Gustavo Iruegas; Martha Elvia Pérez Bejarano; y Pepe Barberán. Sus nombres siguen presentes como parte de una historia compartida que no se olvida.

Le platiqué que involucrarme en la campaña por la jefatura delegacional en 2014 fue una decisión difícil en términos personales, pues se trataba de dejar casi por completo la vida académica.

Crecí en medio de una vida universitaria. Desde pequeña soñé con ser académica, como mi madre, e impartir clases en la UNAM. Pero también debo reconocer que mi infancia estuvo marcada por el activismo político de mis padres. Su compromiso con la construcción de un país más justo y sin pobreza fue un principio que me acompañó desde muy joven. De modo que mi camino siempre osciló entre la reflexión crítica y la acción colectiva. Claro que desde la academia también se hace política, pero se privilegia el pensamiento sobre la acción. En aquel momento, sin embargo, sentí que era necesario actuar. Y lo hice.

Más allá de lo personal, era momento de tomar una decisión. Resolví participar para ayudar a que Morena obtuviera el registro, así que inicié la campaña para la jefatura delegacional en Tlalpan, hoy alcaldía, donde había vivido por más de treinta años.

En aquel momento tenía apenas un 6% de reconocimiento: solo seis de cada 100 personas sabían quién era yo. Nuestro partido acababa de nacer. Arranqué la campaña con un equipo de 10 personas, tocando puertas, casa por casa. Mi hijo me ayudó a diseñar un tríptico sencillo con una breve historia de mi trayectoria académica y política. Recuerdo que, cuando algún compañero o compañera lograba una candidatura y preguntaba si había recursos económicos, AMLO respondía: «No hay, pero no los necesitas. Solo cómprate unos buenos zapatos para caminar, una gorra y un morral; con eso y unos volantes en mano, vas a caminar y promover la revolución de las conciencias».

En aquella campaña para la jefatura delegacional, en 2015, una de las tareas más constantes fue explicarle a la gente que AMLO ya no pertenecía al PRD. Que ahora estábamos construyendo algo nuevo: un partido político llamado Morena. Durante meses recorrimos colonias y barrios. Poco antes de la elección, convocamos a una marcha por el triunfo en avenida San Fernando. De ser unos cuantos, pasamos a ser miles. Ese día supe que íbamos a ganar. ¿Cómo lo hicimos? Tocando puertas, casa por casa. Así ganamos esa elección. Y así también ganamos la Presidencia.

La mejor comunicación política sigue siendo la más sencilla: de boca en boca. Porque permite hablar tanto a la mente como al corazón de las personas. Y cuando eso ocurre, se produce un cambio en la conciencia que se multiplica por millones. Se siembra la convicción de que es necesario transformar el país. Ese ideal, asumido por cada persona, es la herramienta política más poderosa.

AMLO es un gran narrador de episodios históricos. En el camino, al pasar cerca de la aduana de Colombia, en Nuevo León, me contó la historia de esa frontera. Durante la Intervención Francesa, a mediados del siglo XIX, el gobernador Santiago Vidaurri colaboró con Maximiliano e incluso llegó a formar parte de su gobierno. Como respuesta, Juárez decidió quitarle a Nuevo León la frontera y cedérsela a Tamaulipas y Coahuila. Años más tarde, fue Porfirio Díaz quien devolvió a Nuevo León su frontera con Estados Unidos.

En ese recorrido hablamos de la seguridad, de la irresponsabilidad con la que se enfrentó el problema durante el sexenio de Calderón, de la corrupción en el de Peña y sobre la importancia de atender a las y los jóvenes. Conversamos también sobre la participación del Ejército y la Guardia Nacional en las tareas de seguridad pública, con el firme propósito de evitar confrontaciones siempre que fuera posible y actuar con prudencia. «Es largo el camino para construir la paz y la seguridad en México», me dijo. Sin embargo, en estos seis años, los indicadores de los delitos de alto impacto han mostrado una tendencia a la baja, y la población así lo percibe y lo reconoce.

Me expresó su convicción de que yo sabría atender con responsabilidad los retos en materia de seguridad pública. Recordó que, durante mi gestión como jefa de Gobierno de la Ciudad de México, y gracias al trabajo coordinado con Ernestina Godoy en la Fiscalía General de Justicia y con Omar García Harfuch en la Secretaría de Seguridad Ciudadana, logramos disminuir en un 60% los delitos de alto impacto.

«Confío —expresó— en que, con honestidad, sin permitir la colusión con el crimen y fortaleciendo las labores de inteligencia, vas a poder; la violencia es un flagelo que ha dañado mucho al país». Me recomendó también, conociendo mi cercanía con los problemas y mi manera de involucrarme, que mantuviera la entereza y supiera encarar con responsabilidad las adversidades. «Tienes temple —me dijo—; sé fuerte, no olvides que estar bien con uno mismo es indispensable para la titánica tarea que vas a emprender».

También me compartió cómo, a lo largo de su gobierno, fue conociendo de cerca las capacidades del Ejército mexicano y de la Marina. Habló de ambas instituciones como leales, patrióticas, responsables y con una sólida formación disciplinaria. Me pidió tener en mente que muchos oficiales de las Fuerzas Armadas se jubilan a edad temprana, pero que, a pesar de eso, conservan gran capacidad, experiencia y compromiso con el país. Llegamos a Nuevo Laredo. A la mañana siguiente, comenzaría otro día con nuevas responsabilidades. El camino continuaba.

Sábado 15 de junio. Nuevo Laredo, Coahuila y Durango

Inició un nuevo día. Nos tocaba la revisión de las aduanas. Fuimos acompañados por Américo Villarreal, gobernador de Tamaulipas y compañero de nuestro movimiento, cuyo triunfo fue uno de los más complicados en 2022, pues el exgobernador del PAN, Cabeza de Vaca, incluso promovió órdenes de aprehensión contra toda su familia para amedrentarlo. Américo es médico e hijo de un exgobernador al que la gente recuerda con cariño en su estado. En 2017, el presidente lo invitó a sumarse al movimiento y, un año después, fue electo senador por su estado. En 2022, al igual que en 2018, obtuvo la candidatura a través de una encuesta. De nuevo, el respaldo del pueblo tamaulipeco fue resultado del trabajo cercano, casa por casa. En 2024, ganamos la presidencia en Tamaulipas con 62.3% de los votos, los dos senadores de mayoría y siete de los ocho distritos electorales.

En esa ocasión, el objetivo fue la revisión de avances en aduanas. El 14 de julio de 2021, el presidente López Obrador creó la Agencia Nacional de Aduanas de México (ANAM) como un órgano administrativo desconcentrado de la Secretaría de Hacienda y Crédito Público, y designó a un general retirado para dirigirla. Anteriormente, las aduanas estaban bajo el Servicio de Administración Tributaria (SAT).

He coincidido varias veces con el general secretario de la Defensa Nacional, Luis Cresencio Sandoval, y con los generales responsables que lo han acompañado durante estos seis años. Pero debo confesar que ese encuentro tuvo un significado distinto: ahora estoy a punto de convertirme en la presidenta de México y, con ello, la comandanta suprema de las Fuerzas Armadas.

Durante la reunión se presentaron avances de la agencia aduanal. Primero recorrimos el área de 66 hectáreas con edificios destinados a oficinas y viviendas, en donde vivirá no solamente personal del Ejército, sino civiles que ahí trabajan. Las aduanas han sido históricamente espacios vulnerables a la corrupción. Lo que emprendió López Obrador tiene el objetivo de erradicar esas prácticas y fortalecer la legalidad y seguridad en esos puntos claves del país.

Uno de mis proyectos para recaudar más recursos para el desarrollo es disminuir aún más las oportunidades de corrupción que al presidente ya no le dio tiempo de sanear. No se puede permitir en ningún área; puede costar trabajo, pero es fundamental, por ética y porque de ahí saldrán más recursos para el desarrollo. En aduanas, el potencial de recaudación sigue siendo enorme: cientos de miles de millones de pesos que deben servir para el bienestar del pueblo.

Me dio gusto ver cómo se ha avanzado en la tecnificación de las aduanas. Nuestro objetivo es mantener ese impulso. Aún falta camino por recorrer. Terminó la reunión y nos despedimos. Él viajaría en avión a la ciudad de Durango; nosotros salimos por carretera para alcanzarlo por la tarde en Torreón, Coahuila, donde revisaríamos los avances en la construcción de un nuevo hospital del ISSSTE.

De regreso a Coahuila

En el camino de Monterrey a Saltillo, un trayecto de aproximadamente seis horas, es posible contemplar uno de los paisajes más imponentes de nuestro país: las montañas de la Sierra Madre Oriental. Son una belleza. La vista es aún más impresionante cuando se viaja en sentido contrario, de Saltillo hacia Monterrey, pues de pronto aparecen unos riscos de piedra que cortan el aliento.

Me gusta mucho viajar por carretera. Es la mejor manera de conocer México. Nuestro país es maravilloso. En el norte predominan los paisajes desérticos; en el centro y sur se extienden bosques ricos y variados; en el sur sureste se abre paso la selva tropical. Son escenarios naturales extraordinarios, muy distintos entre sí.

Somos uno de los países más megadiversos del mundo. La diversidad geológica y altitudinal ha permitido el desarrollo de innumerables hábitats: desde la costa hasta la alta montaña, pasando por zonas áridas y semidesérticas, hasta manglares, bosques templados, selvas tropicales y arrecifes de coral. Gracias a su ubicación entre los trópicos de Cáncer y Capricornio, México es hogar de más del 10% de las especies conocidas en el mundo, lo que lo coloca entre los países más ricos en biodiversidad. Esta riqueza biológica también es resultado de la interacción entre las culturas humanas y el entorno natural, con prácticas agrícolas ancestrales que han contribuido a preservarla.

Llegamos por la tarde a La Laguna, una región ubicada en el suroeste de Coahuila y Durango. Visitamos el hospital del ISSSTE en Torreón, que en ese entonces estaba en su etapa final de construcción. Durante esa reunión informaron cómo, durante el periodo neoliberal, se instauraron contratos privados dentro de la institución. Esta lógica tenía dos motivaciones: por un lado, una visión ideológica de privilegiar lo privado sobre lo público y, por otro, la corrupción, es decir, obtener recursos públicos de manera ilegal a través de *moches* o, de plano, mediante la creación de empresas relacionadas con servidores públicos vinculados a su vez con empresarios que desviaban recursos públicos con el objetivo de enriquecerse.

Esa fue la constante durante 36 años en nuestro país: neoliberalismo acompañado de corrupción. López Obrador lo ha llamado «neoporfirismo» por su similitud con lo ocurrido durante el Porfiriato, a finales del siglo XIX e inicios del XX. Así, el ISSSTE se fue privatizando a través de la subcontratación en todos los servicios, desde camillas hasta el banco de sangre pasando por todo lo que implica un sistema de salud pública.

La situación llegó a tal punto que el presidente le encomendó su revisión a Rosa Icela Rodríguez, secretaria de Seguridad. En la reunión, Bertha Alcalde Luján, entonces directora del ISSSTE, nos explicó cómo se había avanzado en revertir esa dinámica para reintegrar poco a poco los servicios al ámbito público. Esto no solo implica ahorros significativos, sino también una mejora en la calidad de la atención, porque el objetivo no es la ganancia, sino el servicio a la gente, que debe ser la verdadera razón de ser de una institución pública.

Cuando tomé la palabra, compartí una experiencia personal. Mi hija Mariana nació en el hospital «Darío Fernández» del ISSSTE en la Ciudad de México, hace 34 años. En aquel momento, mis padres me ofrecieron juntar dinero para atenderme en un hospital privado, pero decidí que debía parir en el ISSSTE. Siempre he creído que cada quien debe vivir de acuerdo con su realidad y tener un nivel que corresponda con lo que tiene; además, si las otras trabajadoras del Estado tienen a sus hijos en el ISSSTE, a mí también me correspondía. Los privilegios nunca han sido mi opción. Esa convicción es la que hoy me lleva a coincidir plenamente con lo que López Obrador ha llamado la «renacionalización del ISSSTE»: un esfuerzo decidido por recuperar los servicios de salud como un derecho público, universal y de calidad.

Terminó la jornada. Al día siguiente visitaríamos el proyecto «Agua Saludable para La Laguna», en Durango.

Domingo 16 de junio. La Laguna

La Comarca Lagunera estaba conformada por trece lagunas, entre ellas la de Mayrán, que en su momento fue la más grande de Latinoamérica y que era alimentada por los ríos Nazas y Aguanaval.

Durante el siglo XIX se impulsó en la región la industria de cultivos como el algodón. Después de la Revolución, la Comarca Lagunera fue una de las zonas beneficiadas por el reparto agrario del cardenismo. En 1936, el presidente Lázaro Cárdenas acudió personalmente a la región, donde los campesinos laguneros se habían organizado en sindicatos y ligas agrarias para exigir el cumplimiento de las promesas de reparto de tierras. Cárdenas decidió intervenir directamente y, tras un complejo proceso político, ordenó la expropiación de más de 200 000 hectáreas de tierra, en su mayoría propiedad de los grandes terratenientes algodoneros. Estos terrenos fueron asignados a miles de campesinos bajo la figura jurídica del ejido.

Además, Cárdenas impulsó la construcción de infraestructura agrícola, como canales de riego y presas, para apoyar a los nuevos ejidatarios y garantizar la productividad de sus tierras. En 1936 construyó la presa El Palmito, también conocida como Lázaro Cárdenas, y en 1968, la Francisco Zarco. Ambas siguen regulando los ríos de la región hasta la fecha. Años después, la Comarca también se caracterizó por su industria ganadera y lechera, lo que provocó un fuerte impacto en los ecosistemas locales. Finalmente, la sobreexplotación del agua provocó la sequía en las lagunas.

Esta historia socioambiental, marcada por la noción de que el agua era un recurso inagotable, derivó en una crisis hídrica: la perforación de pozos cada vez más profundos llevó a extraer agua de mantos con presencia de sustancias como el arsénico, lo cual representa un riesgo para la salud. Desde hace años, uno de los proyectos más anhelados era construir una planta potabilizadora que usara el agua superficial para el consumo humano. Este sistema fue construido durante el mandato del presidente López Obrador; se le llamó «Agua Saludable para la Laguna».

Con la presencia de Esteban Villegas Villarreal y Manolo Jiménez Salinas, gobernadores de Durango y Coahuila, respectivamente —los únicos dos mandatarios estatales del PRI en funciones—, se desarrolló el encuentro. Me comprometí a dar seguimiento a las acciones para tecnificar las hectáreas de riego y reconstruir las redes de agua potable.

Más tarde, sostuvimos una reunión de evaluación para revisar los proyectos estratégicos de agua impulsados durante el sexenio. Cada uno tuvo un responsable designado por el presidente. Son más de 15 obras hídricas estratégicas concluidas que benefician a distintas regiones del país.

Viajé de regreso en avión comercial de Torreón a la Ciudad de México. Me llevé el ánimo renovado y el corazón pleno por tanto aprendizaje.

Jueves 20 de junio, segunda gira. Corredor Interoceánico, Istmo de Tehuantepec y Oaxaca

Salimos muy temprano hacia Minatitlán en vuelo comercial. Me acompañaron, como siempre, Alejandro, Mayte y una parte de la «palomilla».

Al llegar a Mina, como cariñosamente se le llama a este municipio veracruzano, tuvimos un recibimiento hermoso en el aeropuerto. Además de mucha gente, nos esperaban los dos senadores, las y los diputados electos y Carmen Medel Palma, la presidenta municipal de Minatitlán, quien desde el principio nos apoyó.

Eran las siete de la mañana. Decidimos desayunar, pues el presidente llegaría en tres horas. Frente al Hospital General de Minatitlán nos reunimos con Carmen, los senadores y, más tarde, con Cuitláhuac García, el entonces gobernador de Veracruz. Nos abrazamos con alegría; hacía tiempo que no nos veíamos.

A la salida, mucha gente se arremolinaba y aplaudía, feliz. Este triunfo es del pueblo de México. Rocío Nahle, la gobernadora electa, no pudo estar, pues era la boda de su hija. Ganó en Veracruz por 29 puntos, a pesar de haber enfrentado una de las peores campañas de guerra sucia en su contra. Cuitláhuac gobernó con honestidad: redujo la inseguridad cerca de un 50% y destinó gran parte del presupuesto a construir caminos, escuelas y hospitales, entre otras acciones orientadas al bienestar del pueblo veracruzano. Es un hombre muy consecuente. Rocío, por su parte, se hizo conocida como secretaria de Energía al coordinar la construcción de la refinería de Dos Bocas. Es una mujer de carácter y convicciones, y siempre echada para adelante.

Fuimos a recibir al presidente y visitamos la refinería de Minatitlán. Ahí realizamos una reunión para supervisar los avances de Pemex. Nos recibió Octavio Romero, su director. A él lo conozco desde que formamos parte del gabinete del Gobierno del entonces Distrito Federal, cuando López Obrador era jefe de Gobierno. Él era el oficial mayor.

Ese gobierno (2000-2006) enfrentó todo el poder del Estado: los videoescándalos, el desafuero y, más adelante, de cara al proceso electoral, una campaña de guerra sucia. Sin embargo, dio muy buenos resultados. Su gestión demostró con creces la viabilidad del proyecto de transformación y generó un profundo respaldo popular.

Octavio dejó ese cargo casi al mismo tiempo que López Obrador para sumarse a la campaña de 2006, después del desafuero. Yo permanecí hasta que inauguramos el segundo piso del Periférico, que estaba a mi cargo. Lo apoyamos en esa campaña presidencial y, junto con él, vivimos el fraude electoral.

Cuando compartes historias de vida como estas —que también son la historia de la transformación de México— al lado de un hombre como López Obrador, se genera una fraternidad muy especial. Has luchado junto a otras personas y eres parte de un equipo forjado a lo largo de los años. Sabes que cuando se actúa de buena fe, con honestidad y convicciones, se avanza. Por eso tengo un especial aprecio por Octavio; hemos sido compañeros de lucha durante todo este periodo.

Tres logros concretos destacan:

1. La recuperación de las refinerías: la construcción de Dos Bocas, en Paraíso, Tabasco; la compra de la refinería de Deer Park, en Texas; y la mejora en la eficiencia de las seis refinerías existentes y las nuevas coquizadoras de Tula y Salina Cruz, lo que permitió reducir las importaciones de gasolina.
2. La disminución de la deuda de Pemex: mientras que con Calderón y Peña la deuda de Pemex se duplicó, con AMLO disminuyó en un 15.5%. El neoliberalismo prometía que la inversión privada mejoraría a Pemex, pero ocurrió todo lo contrario. Esta empresa que tanto costó a la nación y al pueblo de México fue endeudada por administraciones poco profesionales y plagadas de corrupción.
3. La recuperación de la producción de petróleo crudo: pasó de 1.6 a 1.8 millones de barriles diarios.

De ahí nos dirigimos al Tren Interoceánico, estación Coatzacoalcos. Nos acompañaron Cuitláhuac García y Salomón Jara, gobernador de Oaxaca.

Ambos son compañeros del movimiento, han estado con AMLO durante años, y ambos sufrieron fraudes electorales en sus estados en elecciones previas a sus triunfos definitivos.

El Tren Interoceánico representa el rescate de una ruta ferroviaria histórica, inaugurada por Porfirio Díaz en 1907, que durante décadas transportó grandes volúmenes de mercancía del Pacífico al Atlántico. Sin embargo, con la apertura del canal de Panamá en 1914, inició su etapa de declive.

A lo largo del siglo XX hubo intentos por reactivar dichas vías, pero el auge del transporte por carretera y la privatización de los ferrocarriles provocaron su abandono. No fue sino hasta el siglo XXI que esta ruta se consolidó de nuevo como una vía estratégica de comunicación y comercio, gracias al Corredor Interoceánico del Istmo de Tehuantepec, impulsado por el presidente López Obrador. Este megaproyecto incluye el desarrollo del puerto de Salina Cruz, la creación de 10 Polos de Bienestar, una línea ferroviaria de Coatzacoalcos a Palenque y otra de Salina Cruz hasta Ciudad Hidalgo, Chiapas.

En el recorrido de Coatzacoalcos a Salina Cruz, Oaxaca, cruzando el Istmo de Tehuantepec, el almirante Morales, encargado del proyecto, nos explicó los avances en la construcción del Tren Interoceánico. También nos acompañaron representantes de las empresas constructoras involucradas.

Hicimos una parada en Matías Romero, una población que en su momento fue creciendo con el antiguo tren. Cuando este dejó de circular, se fue perdiendo el impulso económico, lo que resultó en pobreza y migración. Las consecuencias del periodo neoliberal con la privatización de ferrocarriles en la época de Zedillo fueron un completo sinsentido: se entregó a manos privadas las riquezas de la nación y dejaron de circular los trenes de pasajeros.

Ahora, con el Tren Interoceánico, Matías Romero vuelve a cobrar relevancia. En esta localidad se construye un complejo ferroviario que tendrá talleres para el mantenimiento de trenes. El presidente decidió bautizar esta estación «Demetrio Vallejo», en honor al histórico dirigente del sindicato ferrocarrilero que estuvo preso por oponerse al control sindical de la Confederación de Trabajadores Mexicanos (CTM).

Vale la pena reseñar brevemente la vida de Vallejo para comprender la importancia de reconocer a quienes, en su momento, fueron reprimidos por luchar a favor de la libertad sindical, y que hoy podemos considerar nuevos héroes de la historia nacional.

En una semblanza escrita por Guadalupe Cortés, publicada en 2007 en la revista *Trabajadores* de la Universidad Obrera de México, se narra que este dirigente nació el 7 de noviembre de 1910 en el poblado de El Espinal, en el Istmo de Tehuantepec, Oaxaca. Fue hijo de campesinos zapotecos: Demetrio Vallejo y Luisa Martínez. Su infancia transcurrió en la estación de ferrocarril de Mogoñé, ubicada en la frontera de Veracruz. A los 14 años, tras la muerte de su padre, comenzó a trabajar como telegrafista. En 1933, con la creación del Sindicato de Trabajadores Ferrocarrileros de la República Mexicana (STFRM), Vallejo se afilió a la organización.

Su primera participación en el movimiento sindical se dio en 1948, cuando intentó impulsar la independencia del sindicato del PRI. El esfuerzo fue derrotado y el gremio de los trabajadores ferrocarrileros quedó incorporado a la estructura del corporativismo gubernamental.

El Gobierno permitió las movilizaciones del gremio durante las elecciones de 1958, pero apenas Adolfo López Mateos asumió la Presidencia, reprimió con gran fuerza el movimiento: el 28 de marzo de 1959, el Ejército tomó los edificios sindicales en todo el país y unos 3 000 trabajadores, entre los que se encontraba Vallejo, fueron aprehendidos.

Mientras la mayoría fue liberada en los días siguientes, Demetrio Vallejo fue acusado de disolución social, una figura jurídica que legalizaba la existencia de los presos políticos. Permaneció en la cárcel casi 12 años. Durante el movimiento estudiantil de 1968, la liberación de presos políticos, incluido Vallejo, fue una de las principales demandas.

En ese contexto, el régimen priista no toleraba la existencia de partidos de izquierda socialista, cuyos militantes eran sistémicamente perseguidos. Esta situación empezó a cambiar en los años setenta del siglo XX. Tras salir de prisión, en 1971, Vallejo participó, junto con Heberto Castillo, en la fundación del Partido Mexicano de los Trabajadores. Al momento de su fallecimiento, el 24 de diciembre de 1985, militaba en el Partido Socialista Unificado de México, al que representaba ante el Congreso de la Unión.

El reconocimiento de dirigentes de oposición que fueron víctimas de regímenes autoritarios fue una labor impulsada desde el gobierno del presidente López Obrador.

En mi oportunidad para dirigirme al pequeño mitin en Matías Romero, hablé sobre la importancia de dar continuidad a la transformación, y me comprometí a terminar lo que aún estuviera pendiente en el Corredor Interoceánico, particularmente la línea que va de Ixtepec, Oaxaca, a Ciudad Hidalgo, Chiapas, que quedará concluida a finales de 2026.

En su discurso, López Obrador me presentó y me recomendó frente al pueblo del Istmo de Tehuantepec. Su relato me emocionó profundamente.

Después del acto, abordamos nuevamente el tren y continuamos hacia Salina Cruz, en la costa del Pacífico.

Viernes 21 de junio. Astillero, nueva carretera Puerto Escondido-Oaxaca y escala en el camino artesanal

En el segundo día de gira, visitamos el astillero de la Secretaría de Marina, así como la escollera construida en Salina Cruz para impulsar el crecimiento industrial del puerto.

Durante muchos años, especialmente entre 1934 y 1982, desde el sexenio del general Lázaro Cárdenas hasta el inicio del periodo neoliberal, el Estado mexicano fue el principal impulsor del desarrollo nacional. Existían empresas públicas, sociales y privadas bajo un modelo de economía mixta que aún está presente en la Constitución. La propiedad y el desarrollo, conforme a nuestra historia, siguen siendo de carácter privado, social y público, una realidad que el periodo neoliberal no pudo erradicar.

A pesar de la corrupción que marcó a muchos gobiernos de aquella época, las empresas públicas, junto con la inversión privada y social, impulsaron el desarrollo nacional y permitieron políticas de redistribución y movilidad social.

Con las privatizaciones promovidas principalmente durante los gobiernos de Carlos Salinas de Gortari y de Ernesto Zedillo, el Estado perdió muchas de esas capacidades y comenzó la época de mayor corrupción y del contratismo. Los tecnócratas que llegaron al poder vendieron la idea de que el Gobierno era muy mal administrador y que gestionar las empresas públicas provocaba endeudamiento. Para que ya no hubiera crisis económicas, dijeron, el camino era la privatización.

Como relata López Obrador en sus libros, esas privatizaciones en realidad implicaron el reparto de empresas del Estado entre amigos y allegados, sin transparencia, con transacciones marcadas por la corrupción. De ahí el dicho popular: «Antes se robaban de las empresas públicas, ahora se robaron las empresas públicas».

El lamentable resultado y la gran falsedad del neoliberalismo se evidenció en 1994: al terminar el sexenio de Salinas e iniciar el de Zedillo, estalló una crisis económica que causó grandes estragos en nuestra economía. Para colmo, las deudas privadas se convirtieron en deuda pública y los pequeños deudores fueron abandonados. En suma, el neoliberalismo fue una gran farsa.

Dos instituciones que conservaron su capacidad propia fueron la Secretaría de Marina y la Secretaría de la Defensa Nacional. Tal es el caso de los astilleros de la Secretaría de Marina, donde se construyen embarcaciones, particularmente las que sirven para desazolvar ríos, puertos, mares, presas y las llamadas «dragas». Además, esta dependencia ha desarrollado facultades propias para el desarrollo tecnológico.

Por su parte, la Secretaría de la Defensa Nacional produce uniformes, equipos, armamento y vehículos militares. Ambas cuentan con robustos sistemas educativos y de salud propios, y entre sus principales atributos están la lealtad a las instituciones y al pueblo, particularmente a la figura presidencial, la disciplina, la formación profesional y el amor a la patria.

México siempre ha sido un gran país. Es verdad que el periodo neoliberal nos arrebató muchas cosas, pero también es cierto que diversas instituciones permanecen sólidas, así como nuestras mayores fortalezas: hombres y mujeres trabajadoras, creativas y orgullosas que están en todas partes de nuestra hermosa nación.

Partimos nuevamente en la camioneta hacia Puerto Escondido, por la costa. Desde ahí tomamos rumbo a la nueva carretera con destino a Oaxaca, que se concluyó durante el gobierno de AMLO. Hay que decir que esta vía es gratuita para quienes tengan autos con placas del estado. Su construcción tardó más de 16 años, en buena parte por conflictos sociales. Oaxaca es la entidad con más conflictos agrarios en el país, pero también la de mayor riqueza en organización comunitaria y en cultura. Gran parte de sus tierras siguen siendo comunales desde tiempos prehispánicos.

Paramos en Santa Catarina Coatlán, en un evento para inaugurar el camino artesanal que conecta con Santa Ana Miahuatlán. Este tipo de caminos iniciaron en Oaxaca durante el gobierno del presidente López Obrador. Su particularidad es que se construyen mediante la entrega de los recursos directamente a las comunidades, que se encargan tanto del diseño como de la ejecución de la obra. Son de concreto colado en sitio y poseen una belleza extraordinaria.

Adelfo Regino, director del Instituto Nacional de los Pueblos Indígenas, hizo un recuento que conmueve por su magnitud y sentido histórico: en Oaxaca se construyen 222 caminos artesanales que abarcan 3 109 kilómetros y benefician directamente a 13 pueblos indígenas y afromexicanos; 92 están en el pueblo zapoteco; 69, en el mixteco; 14, en el mixe; 12, en el chocholteco; 10, en el chinanteco; nueve, en el cuicateco; cinco, en el mazateco; tres, en el chatino; y otros tres, en el chontal; además de un camino en cada uno de los pueblos huave, ixcateco, náhuatl, tacuate y afromexicano. Una hazaña colectiva que camina, piedra con piedra, hacia la justicia social.

Este camino me despierta muchos recuerdos. Cuando éramos pequeños, mi madre y mi padre nos llevaron a mis hermanos y a mí a recorrer, por tierra, una buena parte de nuestro país. Mi madre es académica universitaria, hoy profesora emérita y Premio Nacional de Ciencias; mi padre, microempresario; ambos, militantes y comprometidos desde siempre con las mejores causas sociales y humanas. Recuerdo la admiración de mi madre por los pueblos originarios y la grandeza de nuestra cultura. Tenían un Renault y, en él, nos aventuramos a explorar el país. De niña conocí Monte Albán, Mitla y Yagul en Oaxaca; Chichén Itzá, Uxmal, Edzná, Dzibilchaltún, Mayapán, Cobá, Tulum y Palenque en el sureste; el Tajín, en Veracruz; y un largo etcétera. También pasábamos días enteros en el Museo Nacional de Antropología. Desde entonces me maravillaba con las culturas mesoamericanas y conocía su evolución en el preclásico, el clásico y el posclásico. El amor por nuestra historia me llegó por ella. A partir de esos viajes, mi madre comenzó a coleccionar huipiles de diferentes zonas del país, en especial de Guerrero, Oaxaca y Chiapas. Incluso llegamos hasta Antigua Guatemala, donde decía que los colores eran tan intensos que la hacían marearse.

También recuerdo que, como buenos capitalinos, solíamos vacacionar en Acapulco. En algunas ocasiones, mi madre nos llevaba en auto hasta Amuzgos, en Oaxaca. Era un camino muy accidentado, custodiado por militares debido a la guerrilla guerrerense. Aun así, ella hacía escalas en distintos pueblos, en busca de textiles. A la fecha, su colección de huipiles es verdaderamente hermosa; una memoria viva de esos viajes y de su amor profundo por la cultura de los pueblos originarios.

Comimos en Oaxaca unas gloriosas tlayudas en compañía de Salomón Jara, gobernador del estado, quien siempre ha sido parte del movimiento de transformación. Entre bocado y bocado, recordamos con risas muchas de las anécdotas vividas en tantos años de camino compartido. Cuando se viene de un movimiento social como el nuestro, no hay poder que nos separe, si se mantienen los principios.

Durante el trayecto hacia la ciudad de Oaxaca, el presidente me compartió algo que también aparece en su libro y en varios artículos que escribió para el periódico *La Jornada*: sus recorridos por todos los municipios del país y, en especial, por los de Oaxaca. Desde su época como director del Instituto Nacional Indigenista de Tabasco, ya tenía muy claro el valor de los pueblos originarios. Pero me dijo que fue aquí, en estas tierras, donde adquirió una certeza profunda: la verdadera fortaleza del pueblo de México proviene de las culturas originarias. Me reveló en aquel entonces que, cuando terminara su mandato, dedicaría su tiempo a estudiar a fondo este tema.

Cuando inició el gobierno de Andrés Manuel López Obrador, el primer visitante fue el presidente de España, Pedro Sánchez. Recuerdo haber estado presente en una comida en su honor, siendo yo jefa de Gobierno de la ciudad, en el Colegio de San Ildefonso.

Ahí, por primera vez, el presidente le expuso la necesidad de una disculpa por parte de España y también de México hacia los pueblos originarios. Durante su sexenio, López Obrador pidió perdón en nombre del Estado mexicano al pueblo chino por la matanza durante el Porfiriato, así como a los pueblos yaquis y a muchos otros pueblos originarios que fueron sojuzgados y vejados ya en tiempos de la República independiente, con el fin de aniquilarlos. Pedir perdón es muestra de valentía y de gran responsabilidad histórica por parte de los gobernantes como representantes del Estado; además, construye una nueva relación, engrandece a quien lo expresa y reconcilia a quien lo otorga. Solo quienes reconocen el dolor del pasado pueden abrir el camino hacia un futuro justo y digno.

En 2019, AMLO envió cartas respetuosas al rey de España y al papa Francisco solicitando que pidieran perdón por las atrocidades cometidas durante la colonización. El pontífice aceptó la propuesta. Por su parte, el rey de España no solo ignoró la carta y se abstuvo de responderla de manera oficial, sino que además permitió que parte de su contenido se filtrara a los medios. El canciller español de aquel entonces calificó la misiva como una ofensa, y medios y sectores conservadores de la sociedad española desataron una campaña profundamente racista en contra del presidente López Obrador.

En este viaje platiqué con el presidente sobre mi decisión de no invitar al rey de España a mi toma de posesión. Me respondió que no era necesario que yo asumiera las discrepancias que él había tenido con la Corona española. Le dije que, en primer lugar, yo estaba de acuerdo con el planteamiento que él había hecho al rey; y en segundo lugar, que ningún presidente debe pasar por alto que un gobernante o jefe de Estado de otro país trate con desdén o intente menospreciar a un presidente, y menos a alguien como él, tan profundamente querido por su pueblo. La ofensa del rey de España no fue solo contra el titular del Ejecutivo, lo cual ya era inaceptable, sino también contra el pueblo de México. A las y los mexicanos se nos respeta, y así debemos exigirlo frente al mundo entero.

Dice el autor francés Paul Ricoeur —a quien conocí por mi hija, que es filósofa e historiadora— que «el perdón exige la memoria y se opone al olvido, dado que nos permite y demanda enfrentar el problema de la representación del pasado en el plano de la historia». Para Ricoeur, «el perdón es una propuesta ética y política, un acto que supera el horizonte de dificultad, porque constituye un nuevo relato que irrumpe en la realidad política al transformar la acción de las personas y los pueblos». Sin memoria no hay justicia, y sin justicia no hay futuro digno.

Por ello, insisto en que el perdón de un jefe de Estado por las atrocidades del pasado constituye un acto valiente que engrandece a quien lo otorga y también a quien lo recibe; de lo contrario, se sigue pensando que los abusos del pasado fueron correctos. Los españoles que invadieron lo que después se conoció como América y la Nueva España cometieron atrocidades y abusos. «El silencio histórico es una forma de violencia que somete, aniquila y determina el presente y el futuro de una nación y la relación entre naciones. El silencio histórico de las atrocidades del pasado se vuelve un ancla que parece complicidad y dificulta el cambio».

Por eso, seguiremos insistiendo en el perdón que debe solicitar el jefe del Estado español a los pueblos originarios de México. Porque la memoria no solo nos reclama justicia, también nos convoca a escribir otra historia con dignidad.

Llegamos a la ciudad de Oaxaca alrededor de las ocho de la noche y sostuvimos una reunión para revisar los proyectos que había realizado la Secretaría de Infraestructura, Comunicaciones y Transportes, así como para identificar los pendientes. Esa noche dormimos en Oaxaca.

Sábado 22 de junio. Guardia Nacional

Ese día visitamos las instalaciones de la Guardia Nacional (GN). En la mañana platicamos sobre el programa de vivienda, y el presidente propuso conocer los departamentos que construye el Ejército para los miembros de la corporación, como ejemplo de lo rápido y bien que se pueden hacer. Después nos trasladamos al evento. Imaginé que el auditorio estaría lleno de población civil. Cuál sería mi sorpresa al descubrir que se trataba de elementos de la Guardia Nacional. Mientras hablaban Rosa Icela Rodríguez, secretaria de Seguridad y Protección Ciudadana, y el general secretario Luis Cresencio Sandoval, escribí rápidamente un breve discurso; no quería equivocarme.

Rosa Icela recordó que los principios rectores de la Guardia Nacional son «justicia y paz» y que la institución cuenta con más de 130 000 elementos. De diciembre de 2018 a marzo de 2024, se registró una notable reducción en los índices delictivos, además de una mejora en la percepción de seguridad.

Yo destaqué la importancia de las instituciones que se habían creado durante el gobierno de AMLO, como IMSS-Bienestar, una de las más importantes en materia de salud, así como la propia Guardia Nacional. Aproveché para decir que estaba de acuerdo con que la corporación pertenezca a la Secretaría de la Defensa Nacional, por tratarse de una institución con grandes valores, mística de servicio, carrera y disciplina. Tras el fallido intento de la Policía Federal, la Guardia Nacional es, sin duda, la mejor opción.

Vale la pena recordar que la ya extinta Policía Federal estuvo a cargo de Genaro García Luna, secretario de Seguridad Pública durante el sexenio de Felipe Calderón, hoy preso en Estados Unidos por delincuencia organizada, conspiración para la distribución e importación internacional de cocaína, así como por hacer declaraciones falsas.

En contraste, en el caso de la Guardia Nacional y su incorporación a la Sedena, el mando civil recae en el o la presidenta de la República, como en mi caso. Los gobiernos de la Cuarta Transformación nunca daremos la orden de reprimir al pueblo. Cuando las Fuerzas Armadas actuaron en contra de la población en el pasado, fue siempre por decisiones civiles, en contextos autoritarios que hoy rechazamos y no se repetirán. Nuestro deber es con el pueblo, y nuestra historia no se escribirá nunca con sangre, sino con dignidad, justicia y memoria.

Concluyó el acto y nos dirigimos a un salón en el que se presentaron los avances de la Guardia Nacional, así como los resultados del gabinete de seguridad. Al terminar, ya era tarde para alcanzar el vuelo.

Regresamos por tierra, con Alejandro al volante.

Viernes 28 de junio al domingo 30 de junio, tercera gira. El Tren Maya

Partimos en vuelo comercial de la Ciudad de México a Mérida. Nos recibieron con entusiasmo los compañeros de Yucatán; estaban felices. En esta entidad del sureste mexicano ganamos la gubernatura con un buen hombre, trabajador y honesto, que conoce y ama a su pueblo: Joaquín Díaz Mena. En la elección presidencial, obtuvimos el 60% de los votos, el doble que la candidata del frente opositor, en un estado hasta entonces gobernado por el PAN. Además de la gubernatura, ganamos allí las dos senadurías y cinco de los seis distritos electorales.

Mi análisis es que triunfamos en Yucatán, incluso con un buen gobernador panista, por al menos cinco razones: 1) un gran candidato con liderazgo y autoridad moral; 2) el reconocimiento del trabajo del presidente López Obrador en el sureste; 3) el agotamiento del modelo de desarrollo conservador, que ha creado profundas desigualdades; 4) fue el estado que más visité en campaña; y 5) la organización y la unidad de nuestro movimiento. Le vamos a cumplir al pueblo de Yucatán.

Nos dirigimos por tierra a Campeche para alcanzar al presidente y a la querida gobernadora Layda Sansores. Mujer irredenta, de palabra poética y valentía excepcional. Allí realizamos una reunión de evaluación de los tramos 1, 6 y 7 del Tren Maya con los dueños de las empresas constructoras, Daniel Chávez —empresario turístico con dimensión social y supervisor honorario del proyecto— y los ingenieros militares. De ahí nos trasladamos en auto al hotel de Edzná, construido y operado por la empresa de la Sedena. El lugar es sencillamente hermoso.

El objetivo de AMLO al encargar la operación del Tren Maya y los hoteles a la Sedena es doble: primero, evitar al máximo que estos servicios y bienes se privaticen en el futuro y, segundo, garantizar que las utilidades y ganancias por la buena operación de esta empresa se destinen a cubrir pensiones del Ejército mexicano y la Guardia Nacional. Es una visión a largo plazo. Eso no significa que estén prohibidos los desarrollos privados; el potencial de esta región es enorme y permite oportunidades, siempre que se resguarden la naturaleza y el patrimonio arqueológico, y se asegure el bienestar para los pueblos mayas del presente.

De ahí nos dirigimos a la inauguración del museo de sitio de Edzná, un evento público acompañado principalmente por las y los trabajadores, quienes no solo contribuyeron a la creación del museo, sino al rescate del patrimonio arqueológico de la región.

Layda Sansores habló con emoción sobre la apertura del museo de sitio en Campeche, que alberga 1 663 piezas arqueológicas rescatadas durante las obras del Tren Maya. Destacó el trabajo de Diego Prieto, en ese momento director del Instituto Nacional de Antropología e Historia (INAH), cuya dedicación hizo posible este rescate patrimonial. Cada vestigio recuperado es una victoria de la dignidad sobre el olvido.

Layda compartió algunas anécdotas sobre el liderazgo del presidente López Obrador, quien —a diferencia de administraciones pasadas— visitó Campeche más de 60 veces en tres años para supervisar obras. También recordó la hazaña logística: AMLO convocó a secretarios del Gobierno federal y a los gobernadores para encargarles tramos para avanzar más rápido en el trabajo de rescate arqueológico coordinado por el INAH. En un fin de semana se organizaron trabajadores de Bienestar, la Semarnat, gobiernos de los estados, arqueólogos y restauradores del INAH, y miembros del Ejército. Resaltó el hallazgo de 12 000 vestigios en Calakmul, de los cuales 1 663 se exhibirán en el nuevo museo. Fue una cruzada histórica que devolvió memoria a la tierra maya.

Diego Prieto destacó que el Tren Maya representa la obra pública más importante de México en 80 años y es un referente global, no solo por su impacto en la modernización y la infraestructura, sino también por su compromiso con la memoria histórica, el medio ambiente y los pueblos originarios. Subrayó que este proyecto rescata la civilización maya —una cultura viva con 3 000 años de continuidad—, en contraste con la mirada colonial que la negó durante siglos. Mencionó que en México persisten 68 lenguas originarias y eso es testimonio de una diversidad que hoy se reivindica en la Cuarta Transformación, impulsada por el Gobierno y por las comunidades organizadas. No es una modernidad que borra el pasado, sino una que camina junto a él.

Al dar la bienvenida a Edzná («casa de los itzaes»), resaltó el liderazgo histórico de las mujeres —ejemplificado con una gobernante prehispánica— y su paralelo con el actual papel protagónico que hoy asumimos las mexicanas. Subrayó que el Tren Maya trasciende su dimensión de obra ferroviaria para convertirse en un proyecto civilizatorio sin precedentes: una apuesta que combina infraestructura moderna con rescate arqueológico (más de 15 000 vestigios recuperados); revitalización cultural con el Programa de Mejoramiento de Zonas Arqueológicas que interviene 29 sitios clave como Palenque, Chichén Itzá, Tulum, Uxmal, Kabah, Labná, Edzná, Calakmul y Xcabal —esta última abierta por primera vez al público—; y una reparación histórica que integra activamente a las comunidades mayas actuales, herederas de una tradición de tres milenios.

En mi intervención expresé con orgullo que el Tren Maya representa mucho más que una obra de infraestructura: es el corazón palpitante de la Cuarta Transformación. Esta magna obra, con sus más de 1 500 kilómetros de vías modernas, sus trenes de última generación y sus estaciones, que dialogan armónicamente con el paisaje, rompe de raíz con el modelo neoliberal que durante décadas condenó al sureste mexicano al olvido. Se demuestra así que el Estado puede y debe ser el rector de un desarrollo que combine crecimiento económico con justicia social, donde los ingenieros militares se convierten en constructores de paz y los trabajadores reciben salarios que dignifican su labor.

Recordé con especial emoción aquella lección aprendida durante la construcción del segundo piso en la Ciudad de México, cuando descubrimos que las grandes obras solo adquieren su verdadero valor cuando transforman positivamente la vida de las comunidades aledañas. Ese mismo principio guía hoy al Tren Maya, en el que cada kilómetro de vía viene acompañado de mejoras tangibles para la población: viviendas dignas, empleos bien remunerados y programas sociales que cambian vidas para bien. Esta es la esencia de nuestro proyecto: infraestructura que no pasa por encima de la gente, sino que crece junto con ella.

Al hablar de Edzná, este impresionante sitio arqueológico que floreció durante 16 siglos, subrayé cómo el Tren Maya teje nuevos puentes entre el pasado glorioso y el presente vibrante de la cultura maya. Estas piedras milenarias que atestiguan el genio de una civilización hoy renacen para dialogar con el mundo a través del turismo responsable. Pero este renacimiento no es un simple ejercicio de nostalgia: es la reivindicación viva de los pueblos mayas actuales, que después de siglos de marginación hoy ocupan el lugar central que merecen en el proyecto nacional. Porque en cada vestigio restaurado y rescatado se alza también la dignidad de un pueblo que nunca dejó de resistir.

Agradecí profundamente a todos los héroes y heroínas anónimos de esta gran obra: arqueólogas y arqueólogos del INAH que rescatan pacientemente nuestra memoria, ingenieros militares que combinan disciplina con innovación y trabajadores que con sus manos construyen el futuro.

Al final, me dirigí al presidente López Obrador:

Tenga la absoluta certeza de que este legado, que combina como ningún otro progreso material con justicia social, no solo será cuidado, sino engrandecido. Porque hemos entendido, como lo demostraron los antiguos mayas, que la verdadera grandeza de un pueblo se mide por su capacidad de crecer sin olvidar sus raíces, de innovar sin perder su alma, de construir futuro sin borrar su pasado.

Y, por último, reproduzco aquí partes de lo que el presidente AMLO pronunció aquel día, palabras que quedarán inscritas en la historia de esta transformación:

Lo del Tren Maya fue concebido para volver a unir las antiguas ciudades mayas. No hay… ya estoy muy chovinista, pero así se les dice a los que nada más piensan en sus terrenos, en sus pueblos, en sus raíces, pero José Martí decía: «Vamos a injertarnos con el mundo, pero que el tronco siempre sea el nuestro».

Entonces, estoy muy orgulloso, muy orgulloso de que se esté avanzando. Y decía que es para presumir, porque no hay en el mundo una región como lo que fue y sigue siendo la nación maya. No hay así, que Palenque, que Edzná, que Chichén, que Tulum, que Calakmul, bueno, una región tan amplia donde florece una gran cultura; no hay en otras partes. Hay sitios importantes; sí, está, desde luego, Atenas, en Grecia, pero aquí son varias Atenas, nada más en lo que es el mundo maya.

Entonces, ¿por qué el Tren Maya? Porque queremos que se conozca la grandeza cultural de México que tenemos aquí, en el sureste; comunicar las antiguas ciudades mayas, pero también comunicar las bellas ciudades de la actualidad. Campeche es una ciudad bellísima, ¿o no? Todo esto es el Tren Maya: es cultura, es selva, es flora, fauna, playas del Golfo, del Caribe; ciudades, tradiciones, costumbres, comida; lo más importante: gente buena, trabajadora, llena de bondad.

Al terminar el recorrido por el museo de sitio de Edzná, nos subimos al Tren Maya con dirección a Mérida. Concluimos el día en la capital de Yucatán.

Sábado 29 de junio. El Tren Maya

Desayunamos en el hotel con Juan Pablo de Botton, subsecretario de Egresos, y Daniel Asaf. Poco después, partimos a la evaluación de los tramos 2 y 3 del Tren Maya. Sabíamos que sería la última vez, después de casi tres años de visitas constantes del presidente a la zona, que estas evaluaciones se realizarían ahí, pues pasarían a tener reuniones semanales en la Ciudad de México.

Por ello, esta, la última en el sureste, tuvo algo especial. No solo fue una revisión técnica. Fue una emotiva despedida, un cierre simbólico.

Nos reunimos con todo el equipo: ingenieros, trabajadores, responsables de obra. El Tren Maya no es únicamente infraestructura; es la suma de voluntades, un esfuerzo compartido con un gobierno con visión de futuro, a la que se unieron empresas, ingenieros militares y, sobre todo, la fortaleza de decenas de miles de trabajadores que pusieron todo su empeño aquí, dejando su huella en cada riel.

Una vez concluidas las reuniones, nos subimos al tren en la estación Teya con dirección a Cancún. Fueron cinco horas de viaje con una plática excepcional. A mi lado, iba el general secretario; al lado del presidente, el ingeniero Daniel Chávez; y del otro lado, el gobernador de Yucatán, Mauricio Vila Dosal, y Mara Lezama, gobernadora de Quintana Roo, una mujer extraordinaria, activa, entregada a la gente, siempre feliz y con gran sentido político.

Durante nuestro viaje, el presidente comenzó a narrar varias anécdotas y, de pronto, el vagón se convirtió en una rica plática. En particular, empezó a hablar sobre el libro del tabasqueño Alfonso Taracena, *La verdadera Revolución mexicana*, publicado por Porrúa en varios tomos. Se trata de una colección que cuenta, día a día, los hechos del movimiento que transformó al país.

El presidente lo relataba con entusiasmo, como si nos estuviera hablando de un viejo amigo, y reía sobre todo cuando describía los momentos de Taracena en su natal Tabasco. Su plática nos mantuvo entretenidos.

También nos dijo que, durante el periodo posrevolucionario, no se reconoció a Madero en toda su dimensión. «No estoy de acuerdo», nos dijo el presidente. En sus palabras, Madero era un demócrata, el Apóstol de la Democracia. Defendió su figura con firmeza. Nos dijo que Madero tenía una visión profunda sobre las libertades y lo que debía ser una democracia verdadera. El golpe de Estado y su asesinato marcaron a la Revolución mexicana.

También nos habló de Salvador Alvarado Rubio, un general revolucionario nacido en Sinaloa, adherente al Partido Liberal de los Flores Magón, antirreeleccionista y apoyado en un principio por Madero. Contó que más adelante fue enviado por Venustiano Carranza a Yucatán, donde fue gobernador e impulsó reformas sociales profundas, previo al gran Felipe Carrillo Puerto.

Durante el breve interinato de Adolfo de la Huerta como presidente sustituto de Carranza, también se desempeñó como secretario de Hacienda. Como siempre, escuchar al presidente relatar la historia con su propia voz es un privilegio, que los mexicanos pudimos vivir también en sus mañaneras. Cada nombre, fecha y batalla cobraban vida en su voz y, entre risas, el viaje se nos fue rápido.

Llegamos a Cancún por la tarde y descansamos. Al día siguiente, muy temprano, realizamos la evaluación de las obras a cargo de la Secretaría de la Defensa Nacional. El avance nos mostró no solo la eficiencia, sino el compromiso con el proyecto. Terminamos la jornada con satisfacción. Nos despedimos y tomamos de nuevo un vuelo comercial de regreso a la Ciudad de México. Quizá no se lo dije, pero ambos volvimos con la certeza de que lo sembrado durante esos años continuaría dando frutos.

Viernes 5 de julio, cuarta gira. Baja California y Sonora

Llegué a Mexicali en vuelo comercial. Ahí me encontré con Marina del Pilar, gobernadora de Baja California, una compañera trabajadora, siempre alegre y echada para adelante. Estoy casi segura de que fue la primera mujer en hacer campaña embarazada. Así ha cambiado la historia para las mujeres.

Recibimos juntas al presidente, y tras el saludo, me subí al vehículo rumbo a la planta generadora de la CFE. Íbamos a evaluar una obra importante, pero más que eso, a hablar de lo que significaba recuperar la soberanía energética. Aquí vale la pena hacer un análisis de lo que ha pasado con la generación eléctrica en nuestro país.

En 1960, el presidente Adolfo López Mateos decidió nacionalizar la industria eléctrica y el 27 de septiembre de ese mismo año escribió:

Pueblo de México:

Les devuelvo la energía eléctrica, que es de la exclusiva propiedad de la nación, pero no se confíen, porque en años futuros algunos malos mexicanos identificados con las peores causas del país intentarán por medios sutiles entregar de nuevo el petróleo y nuestros recursos a los inversionistas extranjeros. Ni un paso atrás, fue la consigna de don Lázaro Cárdenas del Río al nacionalizar nuestro petróleo. [...]

Hoy le tocó por fortuna a la energía eléctrica. Pueblo de México, los dispenso de toda obediencia a sus futuros gobernantes que pretendan entregar nuestros recursos energéticos a intereses ajenos a la nación que conformamos. Una cosa obvia es que México requiere varios años de evolución tecnológica y una eficiencia administrativa para lograr nuestra independencia energética; sería necio afirmar que México no requiere de la capacitación tecnológica en materia eléctrica y petrolera. Pero, para ello, ningún extranjero necesita convertirse en accionista de las empresas públicas para apoyarnos.

Solo un traidor entrega su país a los extranjeros; los mexicanos podemos hacer todo mejor que cualquier otro país. Cuando un gobernante extranjero me pregunta si hay posibilidad de entrar al negocio de los energéticos o a la electricidad, le respondo que apenas estamos independizándonos de las invasiones extranjeras que nos vaciaron el país. Pero que, en tanto, los mexicanos sí queremos invertir en el petróleo americano o en su producción de energía eléctrica, por si quieren un socio extranjero.

Les dejo la misión de no permitir que vuelva a caer en manos de extranjeros.

El resto de las especulaciones al respecto son traición a la patria. Industrializar el país no implica una subasta pública de nuestros recursos naturales, ni la entrega indiscriminada del patrimonio de la patria.

En 1992, en pleno periodo de Carlos Salinas de Gortari, y sin condiciones políticas ni sociales para modificar la Constitución, se optó por otra vía: cambiar la Ley de Servicio Público de Energía Eléctrica. Era un atajo.

La Constitución, hasta antes de la reforma de 2013, establecía que «Corresponde exclusivamente a la nación generar, conducir, transformar, distribuir y abastecer energía eléctrica que tenga por objeto la prestación de servicio público». Salinas cambió la ley de servicio público de energía eléctrica como una trampa legal para permitir la inversión privada.

Así estableció lo que «no es servicio público»:

1. La generación de energía eléctrica para autoabastecimiento, cogeneración o pequeña producción.
2. La generación de energía eléctrica que realicen los productores independientes para su venta a la Comisión Federal de Electricidad.
3. La generación de energía eléctrica para su exportación, derivada de cogeneración, producción independiente y pequeña producción.
4. La importación de energía eléctrica por parte de personas físicas o morales, destinada exclusivamente al abastecimiento para usos propios.

5. La generación de energía eléctrica destinada a uso en emergencias derivadas de interrupciones en el servicio público de energía eléctrica.

Bajo este precepto, comenzó la privatización del sector eléctrico. Es decir, se le dio la vuelta a la Constitución sin modificarla, pero sí vaciándola de contenido para permitir la inversión privada en esa industria. Durante el sexenio de Vicente Fox, la generación independiente creció como nunca. Empresas privadas construían plantas, generaban energía y se la vendían por completo a la CFE.

Más allá de la evidente violación a la Constitución, el verdadero problema fueron los contratos firmados con privados, los cuales fueron extremadamente leoninos a costa de la CFE. Fueron desiguales, costosos y pensados para beneficiar a los privados y no al interés público. Estas figuras pueden ser utilizadas, pero en el marco de la ley y con contratos que sean justos.

Por otro lado, crecieron de forma desproporcionada las sociedades de autoabastecimiento. En la práctica, esto significó que un generador privado le vendía a un consumidor utilizando las redes de transmisión de la CFE, como si se tratara de una autogeneración compartida. Es decir, un mercado eléctrico paralelo al público, lo cual estaba prohibido expresamente por la Constitución, pero lograron burlar la norma justificando que eran socios de un mismo proyecto.

Una buena parte de estas sociedades se expandió al amparo de las energías renovables, especialmente los parques eólicos en el Istmo de Tehuantepec. Para 2021, casi 300 sociedades de autoabasto generaban cerca del 12% del total de la electricidad del país. Por eso siempre sostuvimos que la energía limpia no puede construirse sobre cimientos de negocios sucios. Sí a las renovables, pero en un marco legal adecuado, justo para la nación y para la accesibilidad de la energía eléctrica para la gente.

En 2013, con la reforma energética impulsada por el presidente Enrique Peña Nieto, se consumó la privatización del sector eléctrico. Lejos de traer beneficio alguno a los usuarios, en los hechos esto generó mayor inestabilidad técnica y económica en el Sistema Interconectado Nacional.

Durante los primeros tres años del gobierno del presidente López Obrador, se intentó ordenar el sector y se convocó a todos aquellos que tenían contratos para mejorar el servicio y colocarlos dentro de la ley. Todo esto con el fin de garantizar y proteger el futuro del sistema eléctrico. Pero la mayoría de las sociedades de autoabasto se amparó. Y así siguen operando hasta la fecha.

En 2021, el presidente envió una iniciativa de reforma constitucional con un objetivo claro: garantizar el servicio eléctrico como un derecho y recuperar la soberanía energética. Pero como era de esperarse, la reforma fue rechazada por la oposición, pues al no contar con las dos terceras partes necesarias en la Cámara de Diputados, no se logró la mayoría calificada requerida para modificar la Constitución.

Ante ese panorama, el presidente López Obrador envió una nueva iniciativa para reformar la Ley de la Industria Eléctrica. El propósito era corregir las fallas del modelo anterior y asegurar que la generación de la CFE, incluida la hidroeléctrica, tuviera prioridad en el servicio eléctrico diario.

Esta última fue aprobada. Sin embargo, en un nuevo revés, la Suprema Corte de Justicia de la Nación (SCJN), de forma absurda y apegada a intereses económicos privados y extranjeros, consideró inconstitucional la mayoría de los cambios. A la fecha, como consecuencia de los amparos mencionados, el Sistema Eléctrico Nacional sigue funcionando con gran cantidad de problemas y múltiples desafíos técnicos y financieros.

El presidente López Obrador decidió entonces adquirir 13 plantas de Iberdrola para que la CFE alcanzara al menos el 54% de la generación eléctrica. Esto no solo equilibra el sistema, sino que da estabilidad al Sistema Interconectado Nacional. Nuestro objetivo es mantener la proporción de 54% para CFE y 46% para los privados. Una meta que vamos a defender.

Asimismo, durante el sexenio del presidente López Obrador, se iniciaron 11 proyectos de generación eléctrica, que suman una capacidad de 7000 megawatts, y 16 pequeñas hidroeléctricas con 536 megawatts adicionales, así como 100 proyectos de fortalecimiento en transmisión. A nosotros nos corresponderá inaugurar la mayoría de ellos. Aprovecho para comentar que una de las primeras reformas constitucionales y legales que impulsé a mi llegada a la Presidencia, y con la mayoría calificada en el congreso, fue una reversión a la reforma de 2013 y un nuevo marco jurídico para la participación de la CFE y de los privados en el mercado eléctrico.

Inauguramos las tres plantas de generación del noroeste del país, la primera parte de la nueva línea de transmisión de electricidad hacia la península de Baja California —que por primera vez en la historia conecta a esta entidad con el resto del país— y la planta solar en Puerto Peñasco.

En mi discurso de aquella ocasión, compartí lo significativo que fue estar en la nueva planta de generación eléctrica en Baja California. Recordé mi formación como física e ingeniera en Energía, así como mi paso y experiencia trabajando en la CFE, y cómo esa trayectoria me permite dimensionar el valor de este logro, especialmente este resultado. No se trata solo de infraestructura. Es soberanía, es futuro.

También hice un recuento de la lucha histórica por defender nuestra soberanía energética: desde las reformas neoliberales que intentaron privatizar la industria eléctrica en 1992, 1999 y 2008, hasta la reforma constitucional de 2013 que casi destruye el Sistema Eléctrico Nacional.

Celebré que hoy la CFE haya sido rescatada y que el Estado haya recuperado el control del 54% de la generación eléctrica. Expliqué por qué esto es crucial para garantizar soberanía, energía accesible, menor impacto ambiental y una respuesta oportuna ante emergencias. Lo vimos con el huracán Otis, en Guerrero.

También compartí algunas anécdotas que reflejan la grandeza de los trabajadores de la CFE: como aquella vez que, sin dudar, repararon un transformador del metro durante mi gestión como jefa de Gobierno. O cuando construimos juntos la planta fotovoltaica en la Central de Abasto. Cerré con un reconocimiento especial: «Ustedes, trabajadores de la CFE, son héroes de la nación. Su labor no solo es extraordinaria, sino el orgullo de México. Por eso reafirmo nuestro compromiso: seguiremos fortaleciendo a esta institución, que es pilar de nuestra soberanía y desarrollo».

Dirección Mexicali-Puerto Peñasco

Ese mismo día subimos a la camioneta y nos trasladamos a Puerto Peñasco, a la central fotovoltaica «Rafael Galván», en Sonora. Una vez más, el presidente rindió tributo a la memoria histórica. Rafael Galván fue un dirigente sindical de la corriente democrática que, aun perteneciendo al PRI, buscó impulsar una organización sindical más independiente, en un contexto marcado por el control gubernamental y el modelo corporativista que predominó en nuestro país durante décadas.

Como secretario general del Sindicato de Trabajadores Electricistas de la República Mexicana, Galván fundó la Tendencia Democrática de los trabajadores electricistas e intentó convocar a una huelga nacional en 1976. Sin embargo, el movimiento fue reprimido y disuelto en 1977. A partir de entonces, Galván encabezó un nuevo proyecto: el Movimiento Sindical Revolucionario, en el que estuvo hasta su fallecimiento en 1980.

Me vinieron recuerdos de cuando estaba estudiando la secundaria, en 1976, un año marcado por múltiples marchas. Mi hermano, entonces estudiante del CCH sur, participaba en ellas. Una consigna se convirtió en símbolo de las protestas: ¡SUTERM, apaga la luz; SUTERM, apaga la luz!

Durante el trayecto de tres horas entre Mexicali y Puerto Peñasco, conversamos sobre la importancia de seguir recuperando la CFE y de la reforma constitucional que se discute en el Congreso para fortalecer su papel como empresa pública en el despacho eléctrico. Le comenté al presidente mi intención de proponer al Congreso una modificación al artículo 28, para que las empresas públicas no fueran consideradas monopolios. Le dio mucho gusto.

En el camino, me platicó una anécdota que pensé, como muchas otras veces, que quedaría entre nosotros. Pero él, siendo quien es, la contó al otro día en la mañanera, con esa naturalidad suya.

Me relató que, cuando estudiaba en la Facultad de Ciencias Políticas y Sociales, pasó hambres; apenas tenía lo necesario. Para visitar a sus padres en Palenque, muchas veces viajaba en tren, que era el transporte más barato, y cuando no tenía ni para eso, pedía aventón. Me dijo que en una ocasión quien lo recogió fue un líder sindical que estaba en contra de Galván. Discutieron durante el trayecto, pero cuando le invitó a comer un menudo, se le quitaron las ganas de seguir discutiendo y aceptó la invitación. Cuando López Obrador te cuenta anécdotas, ocurre como en la mañanera: su risa franca te arranca una sonrisa también.

En una pausa del recorrido, comimos unos tacos de asada dentro de la camioneta. Para las paradas técnicas, las gasolineras del camino. La austeridad de AMLO es algo que lo distingue. Él se sabe que es un dirigente indiscutible y, aun así, su sencillez y modestia forman parte de su manera de ser. Quizá por eso nos entendemos. Tenemos orígenes muy distintos, pero compartimos algo esencial: el desinterés, incluso el rechazo, por los lujos y la parafernalia.

Recuerdos de mi infancia

Crecí en Echegaray, una colonia del municipio de Naucalpan de Juárez, Estado de México, en una época en que la Ciudad de México comenzaba a expandirse hacia el norte, cuando se construyeron las Torres de Satélite. Nací en 1962. Mi padre, ingeniero químico de profesión, trabajaba en una microempresa en San Mateo, Estado de México, dedicada a la fabricación de aceites para curtir pieles. Mi madre, después de estudiar Biología en la Facultad de Ciencias de la UNAM, daba clases en la Vocacional 7 mientras cursaba la maestría en Ciencias Biológicas del Instituto Politécnico Nacional (IPN), donde también fue profesora.

Cuando estalló el movimiento estudiantil de 1968, ella participó como profesora del Poli. Tenía una relación cercana con Raúl Álvarez Garín, uno de los principales dirigentes del movimiento, y con su esposa, María Fernanda

Campa, la Chata, hija de Valentín Campa, dirigente, junto con Demetrio Vallejo, de la huelga ferrocarrilera mexicana de 1959 y preso político en varias ocasiones.

Tras la represión del movimiento estudiantil, mi madre siguió participando políticamente, lo que finalmente la llevó a ser expulsada del IPN. Me enteré de eso casi veinte años después. Siempre fue muy discreta; no le gusta hablar de sí misma, mucho menos presumir. Le costó mucho trabajo ser reconocida. Era mujer y, además, de izquierda. Eso no era bien visto ni por las autoridades universitarias ni por el Gobierno.

Mis padres se separaron cuando yo tenía unos 25 años. Mi madre se casó después con Moisés Selman, un hombre de origen palestino-chileno que emigró a México tras el golpe militar, se naturalizó mexicano y se convirtió en uno de los científicos más destacados en su área. Es médico y fue director de investigación del Instituto Nacional de Enfermedades Respiratorias durante muchos años. Es un hombre maravilloso, nos adoptó y quiere muchísimo a mi madre. Mi padre también volvió a casarse, con una buena mujer, Guadalupe, quien tiene una hija llamada Alejandra. Él falleció en 2013.

Mis hermanos y yo fuimos testigos de la participación de mi madre en diversos movimientos universitarios, y también del apoyo que le brindaba mi padre. Yo tenía apenas seis años cuando ocurrió el movimiento estudiantil de 1968. No conservo recuerdos del 2 de octubre, pero sí de que pasábamos mucho tiempo con mis abuelos paternos. A mis abuelos maternos no les agradaba del todo que mi madre participara en la política; en cambio, mi abuelo paterno, que había participado en diversos movimientos sindicales, simpatizaba con esas causas.

También recuerdo con claridad cuando fuimos a visitar a Raúl Álvarez Garín y a otros presos políticos a la prisión de Lecumberri. Mi madre nos llevaba. También recuerdo aquellas reuniones en mi casa, en las que participaban militantes de distintos movimientos sociales y políticos. Ahí se hizo una de las discusiones de la organización del movimiento estudiantil después del 68. Me sentaba en las escaleras de nuestra casa en Hacienda de Echegaray, mientras escuchaba las discusiones y debates; tenía casi 9 años. ¿Qué pasaba por mi mente cuando mi madre nos enviaba a nuestro cuarto y yo, a escondidas, prefería quedarme a escuchar?

Para mi hermano, tres años mayor que yo, y mi hermana, cinco años menor, la política fue parte de la vida cotidiana, principalmente la universitaria y la ligada a los movimientos sociales. Recuerdo una noche de 1976, durante la huelga del SPAUNAM. Mi padre me pidió que lo acompañara a dejar a mi madre a Ciudad Universitaria. Ella tenía guardia en el plantón de profesores universitarios que exigían su derecho a sindicalizarse. Para entonces ya vivíamos en Coyoacán. Mi madre trabajaba en el Instituto Nacional de Ciencias Médicas y Nutrición «Salvador Zubirán» y daba clases en la Facultad de Ciencias de la UNAM.

Cuando entré al CCH Sur, en noviembre de 1977, marché con el movimiento de rechazados, en demanda del derecho a la educación para todos los jóvenes. Poco tiempo después, participé en un movimiento contra las modificaciones al estatuto general que impulsaba el entonces rector, Guillermo Soberón. Tenía apenas 15 años, pero ya comenzaba a comprender que el compromiso con la justicia iniciaba con la defensa de lo público y lo común.

Mis años como ceceachera transcurrieron entre el estudio, las clases de *ballet*, a las que asistía todas las tardes, y la participación en causas estudiantiles y sociales. Fui feliz en aquella época. Desde los 12 años, mi madre, como antes había hecho con mi hermano, me dijo que ya era momento de moverme sola en transporte público. Fue un reto. Como muchas mujeres que viajan solas desde que son niñas o jóvenes, enfrenté el acoso y el miedo. Me vi obligada a crecer con autonomía, a hacerme independiente desde temprano, y sin enaltecerlo, también me llevó a ser valiente.

Llegaba al CCH a las siete de la mañana, lo que implicaba salir de la casa a las seis. Caminaba unas cuatro cuadras, tomaba un camión hacia San Ángel y otro al CCH Sur. A veces mi papá se compadecía y me llevaba en el auto que le asignaban en su trabajo. Las clases empezaban a las siete y terminaban a las 11, pero solía quedarme hasta las dos de la tarde en la escuela. Participaba en una pequeña organización llamada Comité Estudiantil de Solidaridad Obrero Campesina. Luego volvía a casa para comer, siempre en transporte público.

Así que la participación política echó raíces en mí desde muy joven. Más tarde, ya en la Facultad de Ciencias, me sumé al Consejo Estudiantil Universitario, que se organizó en defensa de la educación pública y en contra del cobro de cuotas de inscripción y colegiaturas. Era el inicio del periodo neoliberal. Desde las aulas, miles de estudiantes alzamos la voz para defender el derecho a la educación como un principio irrenunciable.

Puerto Peñasco

Llegamos a la planta solar de Puerto Peñasco, donde nos recibió Alfonso Durazo, gobernador de Sonora. Es uno de los políticos más avezados que conozco. Fue secretario particular del también sonorense Luis Donaldo Colosio y, más tarde, de Vicente Fox, pero renunció a tiempo y muy pronto se sumó a nuestro movimiento. Fue diputado de la primera bancada de Morena y primer secretario de Seguridad Pública del presidente AMLO. Hoy, además de encabezar el gobierno de Sonora, preside el Consejo Nacional de Morena. También estaba presente el director de la CFE, Manuel Bartlett.

Me sentí llena de alegría. Para mí, las centrales eléctricas, y en particular las que operan con fuentes renovables, son una alternativa tan necesaria como hermosa: representan una posibilidad de desarrollo que compromete menos al medio ambiente. Además, durante muchos años de mi vida, me dediqué a estudiarlas; fueron parte central de mi trabajo como científica y académica.

La central de Puerto Peñasco tiene una potencia de un gigawatt, es decir, mil millones de watts. Cuenta con baterías que permiten almacenar energía durante dos horas y con un sistema de condensadores síncronos, que aseguran que la electricidad entre a la red sin muchas variaciones de voltaje. Así deben operar todas las centrales de energía renovable intermitente. Se les llama «intermitentes» porque solo generan electricidad cuando hay sol o, en el caso de las eólicas, cuando sopla el viento.

Las y los ingenieros de la CFE son una verdadera garantía. Por su formación, su experiencia y su compromiso, son —sin exagerar— de los mejores del mundo. Su trabajo tiene una mística especial, fruto de décadas de labor en una empresa pública con profunda vocación nacional. En el centro de control había una joven ingeniera de menos de 25 años y sentí mucho orgullo. Mujeres como ella son parte de una generación que ya no pide permiso para transformar el país.

Ese día descansamos en Puerto Peñasco, tierra de playas hermosas, marcada por su riqueza natural y el esfuerzo por impulsar un desarrollo justo para sus comunidades. Al día siguiente, nos dirigimos a inaugurar el Acueducto Seri-Comcáac, en Desemboque, una obra clave dentro del Plan de Justicia para el pueblo seri. El trayecto tomó cerca de dos horas, acompañados por Alfonso. Desde ahí partimos rumbo a Guaymas, en otro desplazamiento de dos horas, para sostener una reunión con la Secretaría de Marina, en la que se revisaron avances y resultados de las obras y proyectos que están bajo su cargo en este estado.

En estos dos recorridos, compartimos con el presidente reflexiones profundas y anécdotas sobre el momento político. Le contamos cómo se había desarrollado la encuesta para elegir a quien nos representaría, de entre los seis aspirantes, como candidatura presidencial de nuestro movimiento en la campaña. Él no conocía los detalles, pues —como lo afirmó en varias ocasiones— se mantuvo al margen de todo el proceso.

Como mencioné antes, además de ser gobernador, Alfonso Durazo es el presidente del Consejo Nacional de Morena. Han de recordar que, en junio de 2023, el presidente nos convocó a una cena en el restaurante de la librería Porrúa, en Correo Mayor. Acudimos todas y todos los gobernadores de Morena, así como nuestro compañero Ricardo Gallardo Cardona, gobernador de San Luis Potosí por el Partido Verde.

Esa noche, el presidente reiteró con firmeza que no intervendría en la decisión de su relevo, y propuso que el método para elegirlo fuera una encuesta nacional.

Nos leyó entonces un documento que, supimos después, había preparado junto con Rafael Barajas, el Fisgón, y con Pedro Miguel, a lo largo de varias semanas. Palabras más, palabras menos, con sus propias correcciones, ese fue el documento que el Consejo Nacional de Morena aprobaría días después. A continuación, lo transcribo.

ALFONSO DURAZO MONTAÑO
PRESIDENTE DEL CONSEJO NACIONAL DE MORENA
CONSEJEROS NACIONALES DE MORENA
PRESENTES

Me dirijo a ustedes para compartirles algunas consideraciones y propuestas relacionadas con el momento político que vivimos, cuya trascendencia obliga a nuestro partido a emprender un proceso de selección imparcial, democrático, unitario y transparente para profundizar y dar continuidad a la Cuarta Transformación de la vida pública de México.

Desde antes de ser partido, nuestro movimiento ha ido construyendo y aplicando procedimientos claros, institucionales y exitosos para seleccionar a sus candidatas y candidatos, los cuales están incorporados en el estatuto partidista. Nuestras reglas están inspiradas en principios democráticos y consideraciones de máxima representatividad, pero también en la convicción de que es más relevante la tarea que la persona y que el poder debe ser ejercido para servir y no para servirse; su aplicación contrasta con el autoritarismo, la opacidad, el conflicto de interés y la corrupción que han sido característicos en la manera de hacer política del viejo régimen.

Considero, sin embargo, que en la presente coyuntura es necesario establecer lineamientos adicionales para garantizar que la candidatura presidencial de nuestro partido se construya en equidad, unidad, integridad y certeza plena. Por ello, presento la siguiente propuesta de reglamento:

I. De la Coordinación de Defensa de la Transformación

1. Se establecerá un cargo temporal de coordinador o coordinadora de Defensa de la Transformación en el cual recaerá la tarea de dirigir las acciones de nuestro movimiento para el proceso electoral del año próximo y para el próximo sexenio.

2. El Consejo Nacional de Morena designará para tal cargo a un máximo de cuatro personas a las que considere mejor posicionadas para ese efecto.

3. Adicionalmente, si las dirigencias de los partidos que conforman nuestra coalición lo estiman conveniente, podrán postular

a una persona cada una para que participe en el proceso, de modo que podrá haber un máximo de seis aspirantes al cargo referido.

4. El o la coordinadora de Defensa de la Transformación se definirá por medio de una encuesta nacional en la que se evaluará a un mínimo de cuatro y un máximo de seis aspirantes.

5. Es público y notorio, y así lo señalan todas las encuestas, que en los últimos tiempos se han perfilado como posibles aspirantes a la candidatura presidencial de nuestro partido, en orden alfabético por primer apellido, Marcelo Ebrard Casaubón, Adán Augusto López Hernández, Ricardo Monreal Ávila y Claudia Sheinbaum Pardo.

   Es tan inobjetable su derecho a participar en el proceso de selección como la pertinencia de limitar tal proceso a esa lista de nombres, habida cuenta que una encuesta de esta naturaleza puede ser vista por otros, carentes de posibilidades reales y de respaldo popular, como una oportunidad para publicitarse y posicionarse con un espíritu oportunista con miras a cualquier otro cargo.

6. Se pedirá a estos cuatro aspirantes que refrenden formalmente y por escrito su compromiso con los principios éticos fundamentales de nuestro movimiento, contenidos en los documentos básicos de Morena; particularmente, los de no mentir, no robar y no traicionar al pueblo; privilegiar a los sectores más pobres y vulnerables de la población; apegarse en todo momento a la legalidad; actuar en forma institucional, disciplinada y democrática; respetar los principios de mandar obedeciendo y de que el poder público es para servir y no para servirse.

7. Adicionalmente, cada participante en el proceso de selección deberá comprometerse formalmente y por escrito a respetar y respaldar el resultado final del proceso y el de dar todo su apoyo a quien resulte coordinador o coordinadora de la Defensa de la Transformación.

8. Si las dirigencias de los partidos del Trabajo y Verde Ecologista de México deciden postular aspirantes, estos deberán asumir

en los mismos términos los compromisos mencionados en los dos párrafos anteriores.

II. De las instancias organizadoras

1. El proceso de selección estará a cargo del Consejo Nacional de Morena y de las comisiones de Elecciones y de Encuestas del CEN de Morena, esta última, auxiliada por empresas demoscópicas contratadas para el levantamiento de encuestas simultáneas.

2. Se solicitará al CEN de Morena que renueve y/o ratifique a las y los integrantes de sus comisiones Nacional de Elecciones y de Encuestas, los cuales deberán ser imparciales, aptos para la tarea y ajenos a cualquier interés faccioso, así como a cualquier aspiración a cargos y probadamente leales a los principios de nuestro movimiento. Las y los integrantes de dichas comisiones no podrán postularse a ningún cargo en el proceso electoral de 2024. Tampoco se deben pronunciar por ninguno de los participantes en el proceso en cuestión.

3. Si tienen interés en proponer a algún aspirante al cargo de coordinador o coordinadora de Defensa de la Transformación, las dirigencias de los otros partidos de la coalición determinarán en forma independiente y soberana el procedimiento para su selección.

III. De la encuesta

1. Para el levantamiento de la encuesta, cada aspirante podrá proponer a dos empresas demoscópicas de prestigio, profesionalismo y experiencia. No podrán ser propuestas firmas encuestadoras que en procesos electorales del pasado reciente hayan presentado resultados distorsionados o manifiestamente discordantes con respecto a los resultados finales en procesos electorales.

2. La Comisión de Elecciones escogerá por sorteo a cuatro de las firmas encuestadoras propuestas, para un total de cinco ejer-

cicios de aplicación del cuestionario, contando el que realizará la Comisión de Encuestas del CEN de Morena.

3. La Comisión de Encuestas diseñará y redactará, con base en su experiencia y capacidad, el cuestionario a aplicarse en la encuesta definitoria, los tamaños de la muestra y otras reglas metodológicas y demoscópicas. La formulación de tales cuestionarios será inapelable.

4. Esa misma instancia partidaria llevará a cabo un levantamiento de la encuesta y se auxiliará de las cuatro empresas externas que serán contratadas para aplicar el cuestionario en forma simultánea y paralela, de modo que resulte un total de cinco levantamientos.

5. El cuestionario será aplicado por equipos conformados de esta manera:

   a) Un coordinador designado por la Comisión de Encuestas.

   b) Un encuestador, ya sea del partido o de una empresa externa.

   c) Un representante de cada uno de los aspirantes.

6. Cada cuestionario tendrá un número de folio y un talón desprendible con el mismo número. El talón se separará y se entregará a la persona encuestada para que marque en secreto, en un formato de recuadros, el nombre del o de la aspirante que prefiera como candidata o candidato a la Presidencia por parte del movimiento.

7. Los equipos encuestadores elaborarán un acta al inicio de cada jornada de levantamiento en la que consten el número de cuestionarios recibidos y sus números de folio. Todos los integrantes del equipo deberán firmar el documento.

8. Al término de la jornada, los equipos encuestadores redactarán un acta en la que consignen el número de cuestionarios aplicados y sus folios, y harán formal entrega de la documentación a la Comisión de Encuestas.

9. Al término de los levantamientos, la Comisión de Encuestas procesará los cuestionarios a fin de generar resultados consolidados. En sesión aparte, abrirá las urnas y procederá al recuento de los talones. En este proceso de cómputo participará un representante de cada aspirante a la Coordinación de la Defensa de la Transformación, así como un integrante por cada una de las empresas encuestadoras.
10. En caso de que los resultados de los cinco levantamientos resulten discordantes, se escogerá a los tres o cuatro que coincidan entre sí.
11. Inmediatamente después de terminar el recuento, la Comisión de Encuestas entregará los resultados a la Presidencia del Consejo Nacional.
12. El resultado final de la encuesta será inapelable.

IV. Del calendario

1. Esta propuesta será presentada a la sesión del domingo 11 de junio de 2023 del Consejo Nacional de Morena. En caso de ser aprobada, se publicará ese mismo día en los medios oficiales del partido.
2. Quienes acepten participar en el proceso deberán manifestarlo formalmente y por escrito ante la Comisión Nacional de Elecciones del CEN de Morena a más tardar el viernes 16 de junio del presente año. En este periodo deberán firmar los compromisos referidos en los incisos 6 y 7 del punto I de este reglamento y presentar sus propuestas de firmas encuestadoras.
3. Las y los aspirantes a participar en la encuesta deberán renunciar a sus cargos o puestos de representación en la misma fecha en que se registren ante la Comisión de Elecciones.
4. Las mismas fechas y condiciones estipuladas en los puntos anteriores se aplicarán en el caso de que otro partido de la coalición decida presentar a un o una aspirante a participar en la encuesta.

5. Quienes aspiren a la Coordinación de Defensa de la Transformación podrán iniciar sus recorridos por el país a partir del lunes 19 de junio y suspenderlos a más tardar el domingo 27 de agosto. En lo sucesivo, se abstendrán de cualquier acción de proselitismo y de formular declaraciones relacionadas con el proceso.

6. Los levantamientos de la encuesta deberán llevarse a cabo del jueves 31 de agosto al domingo 3 de septiembre. La Comisión de Encuestas realizará el procesamiento de los resultados entre el lunes 4 y el miércoles 6 de septiembre y los entregará en la segunda de esas fechas a la Comisión Nacional de Elecciones de Morena y a la Presidencia del Consejo Nacional, el cual los dará a conocer de inmediato a la Presidencia del CEN de Morena, y a las dirigencias de los partidos integrantes de la coalición en caso de que hubiesen presentado aspirantes, así como a las y los aspirantes mismos.

7. El resultado final de la encuesta será divulgado de manera oficial en un acto público el mismo miércoles 6 de septiembre, con la asistencia de los representantes de los máximos órganos de dirección de Morena y, de haber participantes de los otros partidos de la coalición, por los dirigentes de estos. Estarán presentes, asimismo, quienes hayan participado en la encuesta.

V. De la promoción de aspirantes

1. Quienes aspiren a ocupar la Coordinación de Defensa de la Transformación deberán comportarse de manera austera, evitar el derroche en gastos publicitarios y propagandísticos, y privilegiar en todo momento el contacto con la gente y las asambleas informativas como instrumentos principales de promoción.

2. Evitarán los debates públicos y las polémicas entre ellos a fin de evitar confrontaciones personales y mantener el espíritu unitario y fraterno. Asimismo, se abstendrán de participar o promover cualquier acto o expresión de desprestigio, descalificación o agresión hacia sus competidores o competidoras y alentarán a sus simpatizantes y adherentes a no incurrir en el

denuesto, el ataque, la calumnia y la violencia verbal en contra de los otros participantes en el proceso.

3. Centrarán las acciones de promoción en sus propuestas y no en sus personas.
4. Se abstendrán de recurrir a prácticas antidemocráticas como el acarreo, el reparto de dádivas o la promesa de prebendas.
5. Promoverán los principios y objetivos de la Cuarta Transformación y expondrán la necesidad de preservar sus logros, continuarlos, extenderlos y profundizarlos.
6. Se abstendrán de establecer alianzas inconfesables con grupos de interés y de hacer cualquier clase de compromiso con sectores de la reacción oligárquica o con organizaciones, empresas o gobiernos extranjeros.
7. Evitarán promoverse en los medios informativos reaccionarios, conservadores, adversarios de la Cuarta Transformación y partidarios del viejo régimen.
8. Rechazarán el uso de cualquier recurso de procedencia presupuestal, empresarial o de actividades presumiblemente ilícitas (corrupción, narcotráfico, lavado de dinero, etc.) para llevar a cabo sus actividades informativas y de movilización. Asimismo, se negarán a establecer relaciones con personas o grupos que ofrezcan recursos condicionados al otorgamiento desde el poder público de prebendas o privilegios futuros.
9. Durante todo el proceso, se abstendrán de entablar cualquier forma de comunicación, por sí mismos o por medio de representantes formales o informales, con los integrantes de la Comisión de Encuestas de Morena, así como de formular descalificaciones al proceso de selección.
10. Las y los funcionarios y representantes que a continuación se enumeran no participarán en actividades proselitistas y/o propagandísticas a favor o en contra de cualquier aspirante a la candidatura presidencial de Morena, no expresarán su preferencia por alguno de los aspirantes, se abstendrán de hacer

pactos con facciones afines a cualquiera de ellos y mantendrán durante el proceso una estricta imparcialidad.

11. Queda estrictamente prohibido utilizar el presupuesto público o bienes gubernamentales para favorecer a los aspirantes o a sus representantes en el proceso de promoción y selección mediante encuestas del coordinador o coordinadora de Defensa de la Transformación.

12. Las y los aspirantes a la Coordinación de Defensa de la Transformación, así como sus simpatizantes y adherentes, tendrán siempre presente que el quebrantamiento de las normas anteriores, lejos de favorecerlos, se traducirán en su desprestigio y en la pérdida de confianza por parte del pueblo.

Consideraciones finales

El aspecto más importante del proceso de selección aquí mencionado consiste en evitar disputas internas que pudieran derivar en fracturas y mantener la unidad de nuestro partido y de nuestro movimiento. Aunque no habrá motivo para ello, toda vez que se llevará a cabo un proceso caracterizado por la transparencia, la equidad y la imparcialidad, será fundamental enviar al pueblo de México el mensaje de que actuamos con ética, compañerismo, espíritu unitario y ánimo de transformación verdadera de la vida política del país.

Con base en estos propósitos, ponemos a consideración del Consejo Nacional de Morena que recomiende lo siguiente a quien vaya a ocupar la Coordinación de la Defensa de la Transformación:

Que invite a quienes hayan quedado posicionados en la encuesta en el segundo y tercer lugares a colaborar en su tarea y que, en caso de que se alcance el objetivo electoral de 2024, les permita escoger entre una invitación a ocupar una posición en el gabinete presidencial o ser propuestos para la coordinación de las bancadas de Morena en el Congreso de la Unión.

El partido, por su parte, ofrecerá a las demás personas que hayan participado en la encuesta postulaciones plurinominales al Legislativo. Ello, en el espíritu de que nadie de entre quienes participen se quede al margen de nuestra lucha por la transformación de México. Quedará patente, de esa manera, que las diferencias entre nosotros son de forma y de matiz, no de fondo ni de principios y propósitos.

Considero que, de aceptarse y aplicarse los lineamientos propuestos en este documento, lograremos realizar una contribución decisiva para la superación final de viejas y aberrantes prácticas como el autoritarismo, la imposición, los pactos tras bambalinas y en la oscuridad y la intromisión de la figura presidencial mediante los arcaicos rituales del «tapado» y el «dedazo» del «destape». Habremos logrado, así, un paso trascendente en el propósito de hacer la vida pública cada vez más pública y de conseguir la democratización verdadera de México.

Firmo esta propuesta en mi carácter de fundador de Morena al igual que muchos otros, mujeres y hombres, e invito a suscribirla a quienes participan en este encuentro decisivo, democrático e histórico.

En el camino por Sonora, recordé el inicio del proceso para elegir a quien iba a coordinar el movimiento en Defensa de la Transformación rumbo a la elección presidencial. Fue entonces cuando comprendí que tenía que renunciar en tan solo diez días a la Jefatura de Gobierno de la Ciudad de México. Tenía muchas cosas pendientes. Días antes había declarado que no iba a renunciar, pero esas eran las reglas, así que tomé la decisión de dejar el cargo y asumí con responsabilidad la decisión de separarme para participar en la encuesta.

Fueron dos meses intensos de recorridos y diálogo con la militancia de Morena, el Partido del Trabajo (PT) y el Partido Verde. Después se realizó la encuesta. Una jornada democrática inédita, guiada por el compromiso de continuidad con el proyecto de transformación que hoy sigue dando esperanza a millones.

Entre Alfonso Durazo y Mario Delgado, entonces presidente de Morena, a quien invité posteriormente a ser secretario de Educación Pública, se organizó uno de los ejercicios más complejos: un sondeo nacional con todo el Comité Ejecutivo. No fue fácil. Primero se determinaron las empresas encuestadoras que participarían. Como bien establece el documento base, cada aspirante debía nombrar un representante por encuestadora, además de la que iba a realizar Morena. Fueron días intensos, de discusiones y dificultades. Los representantes de mi candidatura fueron Efraín Morales y Juan Carlos Calatrejo, entre otros compañeros que defendieron con firmeza la legalidad y la confianza en el proceso.

El presidente AMLO no daba crédito de lo que Alfonso y yo le compartíamos; no estaba enterado de todos los detalles ni las tensiones naturales que implicó el proceso. Finalmente, como bien lo narra en su libro *¡Gracias!,* en el resultado de la encuesta salí triunfadora. La unidad construida durante y después de ese proceso nos dio la fuerza para alcanzar el triunfo que obtuvimos en las elecciones del 2 de junio de 2024. Ahí quedó sellado el rumbo de un movimiento que no se rinde y que no tiene marcha atrás.

Durante ese viaje, repasamos los momentos más duros de nuestra lucha. El desafuero, los videoescándalos, los ataques. Hablamos de los orígenes de Morena, de las primeras asambleas, de la ardua tarea de reunir a las 3 000 personas que tenían que reunirse en cada uno de los estados en 2014 para obtener el registro y participar en la elección de 2015. Contra todo pronóstico, en 2018 ganamos la Presidencia con la mayoría calificada; y en 2024, refrendamos el mandato con seis millones de votos más. Lo que parecía imposible, el pueblo lo convirtió en destino.

Este es, sin duda, un movimiento extraordinario, nacido desde abajo, con la convicción de transformar a México con la voluntad del pueblo como bandera. Cuando escribí mi discurso para el cierre de la precampaña, dije estas palabras que hoy siguen marcando el rumbo:

> Quiero destacar algo de lo que todas y todos debemos sentirnos sumamente orgullosos. Llegamos a este momento previo al inicio de la campaña formal unidos, unidas, fuertes y victoriosos. Por ello, quiero agradecer la presencia de las dirigencias de los partidos políticos: Partido Verde, Partido del Trabajo y de nuestro partido, Morena. De todos los que participamos en los procesos de las encuestas. El valor de la unidad de nuestro movimiento es innegable.

Estos procesos no son sencillos, miren otros movimientos en el resto del mundo y vean a la derecha, hundidos en una división interna, sustentada en el incumplimiento de pactos sin escrúpulos. La unidad en nuestro movimiento de transformación se construye con base en principios, en las causas por las que siempre hemos luchado, en el reconocimiento de que juntos somos invencibles y en el más grande de todos nuestros anhelos: el bienestar del pueblo de México y el interés supremo de la patria, que están por encima de cualquier interés personal.

No creo exagerar al decir que somos si no el más, uno de los movimientos sociales y políticos más fuertes de todo el planeta, porque sabemos que la unidad se da en la lucha, en las acciones, en nuestra democracia interna, en los principios, y que la unidad no solo es con nuestros militantes, sino con el pueblo. ¡Viva la unidad de nuestro movimiento!

Nuestra unidad es legítima porque sostenemos que México es grandioso y que nuestra cohesión se basa en la democracia, la libertad, la justicia y la dignidad del pueblo de México, que la prosperidad es compartida o no será, y en el principio humanista de «por el bien de todos, primero los pobres».

Somos mayoría en el país porque hemos logrado ir construyendo un consenso histórico con el pueblo de México, que no es cúpula y que no está sustentado en acuerdos para hacer de la política y del servicio público un negocio corrupto, como recientemente reveló la derecha, como lo vimos en el vergonzoso documento en el que se repartían puestos políticos entre los dirigentes de los partidos.

Fue una conversación muy intensa y, al mismo tiempo, colmada de compañerismo, de anécdotas, de memorias y del reconocimiento al presidente por su gran liderazgo. Es una gran historia la de nuestro movimiento.

Cuando llegamos para inaugurar el Acueducto Seri-Comcáac, en Desemboque, para hablar del Plan de Justicia seri, dije que AMLO era el mejor presidente de México y él se paró y me interrumpió.

«No le crean, es que...».

Alguien del público gritó: «¡Larga vida para nuestro presidente!».

Respondí: «¡Larga vida!».

«Es que es muy buena, muy buena, y nos queremos mucho. Y, además, va a ser la mejor presidenta de México en toda la historia», intervino él.

Hablé del humanismo mexicano y de mi compromiso de seguir con el Plan de Justicia.

En su turno, el presidente hizo énfasis en el modelo económico que aplica la Cuarta Transformación:

> Está demostrado también en la política económica que estamos aplicando que, si le va bien al de abajo, le va bien al de arriba, al revés de lo que ellos decían con su modelo económico, que, si le iba bien al de arriba, le iba a ir bien al de abajo; decían que, si llovía fuerte arriba, goteaba abajo, como si la riqueza fuese contagiosa o permeable. No, se quedaba todo arriba, no permeaba, no bajaba.
>
> Ahora es de abajo para arriba. Si les va bien a los de la base de la pirámide, si les va bien a los de abajo del cerro, les va a ir bien también a los que están en la punta, que eso es lo que está sucediendo. Porque, cuando le va mal al de abajo, y si es la mayoría del pueblo, pues ¿cómo le va a ir bien al de en medio? ¿O cómo le va a ir bien al de arriba si el de abajo, que es la mayoría, no tiene ni para comprar lo básico? ¿Y cómo va a prosperar, entonces, el comercio? ¿Y cómo prospera la industria? ¿Y cómo se beneficia el empresario? ¿Cómo se beneficia el banquero?
>
> Entonces, la fórmula que hemos llevado a la práctica es de abajo hacia arriba, fortalecer abajo, la economía popular, mejorar los salarios de los trabajadores, ayudar a la gente con los Programas de Bienestar, que no falte el trabajo, que haya empleo.

Domingo 7 de julio. Vícam, Sonora, pueblo yaqui

Fue muy emotiva la llegada a Vícam, corazón del pueblo yaqui, uno de los más perseguidos, esclavizados y, al mismo tiempo, más resistentes de cuantos habitan en nuestro país. En el libro *¡Gracias!*, el presidente López Obrador les dedica una gran parte de su relato y no es para menos: la suya es una historia dolorosa. Basta con leer el libro *México bárbaro*, de John Kenneth Turner, donde se denuncia el rapto, traslado y esclavitud de los yaquis en las haciendas de Yucatán. Porfirio Díaz se caracterizó por odiar, maltratar, perseguir y matar a este pueblo. Como acto de resarcimiento histórico, el general Lázaro Cárdenas les ratificó en 1937 la posesión de más de 400 000 hectáreas reconocidas como territorio exclusivo, así como el derecho al uso de la mitad del agua almacenada en la presa La Angostura en el ciclo agrícola. Sin embargo, estas determinaciones no se cumplieron después del gobierno cardenista.

El presidente López Obrador visitó varias veces a los yaquis y asignó a Alfonso Durazo, gobernador de Sonora, y Adelfo Regino, director del INPI, la tarea de construir un Plan de Justicia con ellos. Con ese encargo, comenzó a escribirse una de las páginas más dignas y profundas del México contemporáneo.

Entre otros proyectos educativos, culturales y de bienestar, el plan contempló la restitución de 51 202 hectáreas y la entrega de derechos de agua. Pero quizá lo más simbólico fue el gesto con el que comenzó todo: lo primero que hizo el presidente López Obrador cuando llegó a esas tierras fue pedir perdón en nombre del Estado mexicano. Porque la transformación no se mide solo en obras, sino en gestos que reparan siglos de olvido.

Cuando llegamos a Vícam, me recibieron en la enramada, un espacio profundamente simbólico para los yaquis. Es ahí donde las autoridades tradicionales celebran sus asambleas; un lugar reservado históricamente para los hombres, mientras que las mujeres se quedan en las filas atrás de la enramada. Cuál fue mi sorpresa cuando me invitaron a pasar. No sé si haya sido la primera mujer en estar presente en ese espacio, pero sé que fue un momento significativo, un gesto que habla del respeto y diálogo entre tradiciones ancestrales y tiempos de cambio. Antes de entrar, saludé a todos de mano y también a las mujeres que estaban atrás. Ahí nos tomamos fotografías. Cruzar esa enramada no solo fue un paso físico, sino un símbolo de tiempos de transformación.

Hablaron de lo importante que era para ellos este Plan de Justicia, y de su voluntad de darle seguimiento. Después tomó la palabra el presidente y, al final, también hablé y les agradecí. De ahí nos trasladamos al evento principal. Cabe recordar que el pueblo yaqui hace un rezo diario a las 12 del día, de modo que, antes de llegar al evento, oramos con respeto y amor por sus tradiciones. Así debe comportarse un gobernante. Somos un Estado laico, sí, pero respetamos profundamente las creencias de nuestro pueblo. AMLO repetía una frase que atribuyó a Ignacio Ramírez, El Nigromante, uno de los próceres del movimiento de Reforma que separó al Estado de la Iglesia católica: «Me hinco donde se hinca mi pueblo». Ese día, nos hincamos ante la memoria, dignidad y resistencia de uno de los pueblos más valientes de nuestro país.

Nos sentamos para iniciar la asamblea. Primero se presentó la danza del venado, un ritual hermoso en el que los jóvenes yaquis encarnan de forma magistral a este mamífero sagrado. Luego hablaron los responsables del proyecto: Adelfo Regino y Aarón Mastache, que estaba a cargo del proyecto del agua.

En mi turno, mencioné lo importante que es para nosotros la palabra *justicia* y su significado. Dije que se trata de:

> Justicia social, justicia para las mujeres, justicia ambiental y justicia para los pueblos originarios, que tiene un nombre: justicia histórica. Los planes de justicia para los pueblos originarios son un resarcimiento histórico y, en particular, el Plan de Justicia para el pueblo yaqui cala hondo en la memoria colectiva, en el alma de México, por las atrocidades, por los destierros, por la esclavitud y la discriminación; por los ataques militares que sufrieron sus ancestros,

particularmente en la época del Porfiriato. Y cala hondo también por la importancia de la resistencia del pueblo yaqui.

Porque justicia también es memoria que honra a quienes resistieron, en búsqueda de transformar el dolor en dignidad.

También me referí al perdón:

Quiero recuperar un sentido profundo del humanismo mexicano, el sentido profundo cuando el presidente Andrés Manuel López Obrador, cuando vino por primera vez a este lugar, inició el resarcimiento ofreciendo disculpas al pueblo yaqui, un perdón por los crímenes de Estado que se cometieron contra sus antepasados, sobre todo, durante el régimen porfirista.

El perdón no es solo una palabra; significó y ha significado regresar tierras, agua, y este Plan de Justicia integral del que nos han hablado. Dice un autor: «El perdón histórico es la mejor forma de que no haya olvido, es la forma de decir "Nunca más", es una forma de no repetir las atrocidades del pasado». Es decir, el perdón derrota al olvido, recupera la dignidad de la nación, del presente y del futuro de México.

Por ello, es histórico y profundamente simbólico para mí este momento.

En esta transición no hay olvido, hay continuidad de la Cuarta Transformación; hay justicia para los pueblos originarios, justicia para el pueblo yaqui. Vamos a darle continuidad a todo lo que se mencionó aquí, no solamente en las demandas, en las exigencias, en los planteamientos que han hecho, sino también en la forma en la que se ha trabajado, siempre consultando, trabajando de forma común.

Nunca más un México sin sus pueblos indígenas. Nunca más un México que niegue sus propias raíces. Nunca más un México que incumpla la justicia para ningún mexicano o mexicana.

¡Que viva el pueblo yaqui!

Por su parte, el presidente López Obrador retomó la palabra para subrayar la importancia de dar continuidad al Plan de Justicia y el carácter histórico de que, por primera vez, una mujer haya sido electa presidenta de México:

> Desde que México logra su independencia política, con su primer presidente, su primera República federal en 1824, su primer presidente fue Guadalupe Victoria; ahora, 200 años después, más, 300, que ya hablamos del periodo colonial, por primera vez nos toca a nosotros la dicha enorme de poder constatar, de poder vivir para contarlo, de que México va a tener una mujer presidenta, y eso ya es una cosa bellísima que produce mucha felicidad.

Porque en esta nueva página de la historia, la justicia tiene rostro de mujer y la nación, memoria larga.

Al terminar el evento, nos dirigimos a Ciudad Obregón. Ahí comimos en el aeropuerto. AMLO podía haber regresado antes, pero decidió acompañarnos hasta que saliera el avión comercial. Una muestra de cercanía y compromiso que dice más que muchos discursos.

Viernes 12 de julio. Estado de México

El día comenzó con una visita al trolebús elevado que va de Chalco a Santa Martha Acatitla, en el límite del Estado de México con la capital del país. Debo confesar que considero esta obra como una idea gestada durante mi gobierno en la ciudad. Les platico por qué.

Cuando fui jefa de Gobierno de la Ciudad de México, impulsamos diversas obras en materia de transporte público y movilidad. Además de atender una necesidad histórica, era un tema que había sido siempre parte de mi formación y especialización. Estoy convencida de que el buen funcionamiento de las ciudades depende, en gran medida, de invertir en transporte público. La movilidad es clave para las zonas urbanas:

mejora la calidad de vida, y disminuye la contaminación y fenómenos propios de las megalópolis, como los embotellamientos. Por eso mi lema en la ciudad fue «El mejor transporte para el que menos tiene». Así se comienzan a revertir las desigualdades y se construye, paso a paso, el derecho a la ciudad.

Sabemos que el transporte público más eficiente para mover a cientos de miles de personas cada día es el Metro. Sin embargo, tiene sus dificultades. Requiere inversiones muy altas y el costo de operación y mantenimiento también es elevado. Decidimos no aumentar la tarifa del Metro de la Ciudad de México, en particular porque enfrentábamos la crisis económica derivada de la pandemia. El subsidio al Metro capitalino es de alrededor de 10 000 millones de pesos al año.

Aun así, propuse la renovación completa de la Línea 1 del Metro, que se concretó mediante un proyecto de obra pública financiada: es decir, el sector privado aportaba los recursos y el Gobierno le paga con los años, de manera diferida. No quería que fuera así, porque siempre representa mayores costos de financiamiento. Sin embargo, tampoco podía endeudar a la ciudad en exceso, y cuando fui a hablar con el presidente para explorar si podía ayudarnos con recursos federales, me respondió con franqueza: era una obra muy cara y él tenía ya definidos otros proyectos estratégicos en distintas regiones del país.

Otra de las apuestas fue el Cablebús: teleféricos que no solo resolvieron necesidades reales de transporte, sino que además se convirtieron en los más largos del mundo. Construimos tres líneas: la primera en Cuautepec, en la alcaldía Gustavo A. Madero; la segunda, en la sierra de Santa Catarina, en Iztapalapa; y la tercera, en Constituyentes, hacia la Cuarta Sección del Bosque de Chapultepec. Además, tuvimos la idea de construir un segundo piso exclusivo para trolebuses, y así lo hicimos. Decidimos que fuera en la alcaldía Iztapalapa, una de las más pobladas del país, con casi dos millones de habitantes.

El trolebús elevado cruza de oriente a poniente; traslados que antes tomaban hora y media hoy se realizan en 20 minutos. Además, conecta con la Línea 8 del Metro y llega hasta el puente de La Concordia, en los límites con el Estado de México.

En una reunión con el presidente, mientras evaluábamos todas las obras de la Zona Metropolitana del Valle de México, él recordó que durante sus campañas se había comprometido a construir una línea del Metro de Chalco a la Ciudad de México, pero que no le iban a alcanzar ni los recursos ni el tiempo necesarios. Entonces le planteé construir un trolebús elevado que diera continuidad al que ya habíamos hecho en la Ciudad de México y se entusiasmó. En la reunión estaba presente el entonces gobernador del Estado de México, Alfredo del Mazo, una persona institucional, respetuosa con el presidente y que, además, al final de su mandato, demostró ser un demócrata.

El presidente propuso un esquema compartido: una parte del proyecto estaría a cargo del Estado de México y otra, del Gobierno federal. La operación estaría en manos de la Ciudad de México. Así fue como pusimos manos a la obra y, finalmente, se hizo realidad en este 2025. Sin duda será un sistema de transporte público muy útil para el oriente de la Zona Metropolitana del Valle de México (el trolebús fue inaugurado en mayo de 2025).

Después de esa visita, nos dirigimos a la estación Santa Fe, del ahora llamado tren El Insurgente, que conecta Toluca con la Ciudad de México; se inauguró en agosto de 2024 y nosotros le dimos continuidad a la obra.

El proyecto comenzó en el sexenio de Enrique Peña Nieto. Cuando recibimos la obra —me refiero tanto al Gobierno federal como al Gobierno de la Ciudad de México, ya que se trataba de una obra conjunta—, enfrentaba múltiples complicaciones.

Recordé que el gobierno de Peña Nieto licitó el proyecto y que, tras asignar el contrato a una empresa sin experiencia en obras de transporte, esta modificó completamente el proyecto ejecutivo al día siguiente. Quienes conocen de obra pública, entenderán que es muy complejo licitarla, asignarla y después cambiar completamente el proyecto ejecutivo, pues hay precios extraordinarios y muchos factores que complican muchísimo la administración y la elaboración de la obra.

Después de varios años de dificultades, finalmente tomamos la decisión de acordar con ellos el cierre de los contratos e iniciar un nuevo proceso de contratación. En total, estuvieron a cargo 12 empresas y, por supuesto, los grandes trabajadores y trabajadoras de la construcción que hicieron posible su operación.

Dar seguimiento a estas obras es difícil pero indispensable. Si no hay supervisión directa del jefe de Gobierno, del gobernador o del propio presidente, se retrasan indefinidamente. Por eso el presidente repite con razón: «Instrucción dada no supervisada, no sirve para nada».

Más tarde visitamos los avances del Tren Suburbano que recorrerá el trayecto de Lechería hasta el Aeropuerto Internacional «Felipe Ángeles» (AIFA), otro proyecto con una historia compleja. Durante los sexenios anteriores se intentó hacer bajo un modelo mixto con participación de los concesionarios desde las épocas de Fox y Calderón, y financiamiento de Banobras. Hoy los trabajos están a cargo de la Sedena.

Ese día comimos en el AIFA. Nos acompañaron Clara Brugada y Martí Batres. Recordamos, entre risas, el triunfo histórico de Clara como jefa delegacional en Iztapalapa en 2009, toda una hazaña que marcó una etapa en la política. Fue una charla muy animada.

A Martí Batres lo conozco desde hace décadas. Coincidimos en el movimiento estudiantil de 1986-1987. Yo cursaba la carrera en la Facultad de Ciencias y trabajaba en mi tesis de licenciatura; Martí era estudiante de la Preparatoria 7. Después, lo vi crecer como dirigente del PRD, mientras yo me enfocaba principalmente en la academia y la crianza de mis hijos. Nos reencontramos en 2003, cuando él fue subsecretario de Gobierno en la administración de López Obrador en la capital del país.

En 2014, estuve al frente de la primera asamblea de Morena para elegir a la dirigencia, antes de que el partido obtuviera formalmente el registro. En aquella ocasión se propusieron los nombres de Martí Batres y Bertha Luján para la presidencia del partido. Ganó Martí y Bertha fue la primera secretaria general. Fue un proceso largo, pero decisivo, de formación para nuestro partido.

Tras los resultados de la elección de 2021, cuando no nos fue tan bien en la ciudad —pues no dimensionamos la alianza PAN, PRD, PRI, además de otros factores—, decidí invitar a Martí, entonces senador, a sumarse al gabinete como secretario de Gobierno. Cuando dejé la jefatura del Gobierno de la ciudad, propuse su nombramiento ante el Congreso local para encabezar la administración para el periodo 2023-2024. Considero que tuvo un muy buen desempeño. Martí es un hombre honesto, de convicciones y muy trabajador.

A Clara Brugada la conocí en un mitin, poco antes del año 2000. Años después, cuando fui secretaria de Medio Ambiente, me pidió que la acompañara a un parque ecológico que tenía en San Miguel Teotongo, donde había realizado trabajo comunitario y político durante mucho tiempo. Desde entonces supe del compromiso que tenía con el territorio y con la gente.

Fue una gran alcaldesa de Iztapalapa en el periodo 2018-2024. Su gestión se distinguió por tres programas emblemáticos: el primero, los Caminos para Mujeres Libres y Seguras, que transformaron las calles de la alcaldía con una iluminación especial y murales de arte urbano; el segundo, las Utopías, grandes parques urbanos diseñados para actividades educativas, culturales, deportivas y de cuidados que transformaron el rostro de Iztapalapa y que hoy buscan enmarcarse en su proyecto hacia una ciudad de los cuidados; y, por último, Mercomuna, un esquema innovador de distribución de recursos para mejorar la economía popular, que inició en la pandemia y después se consolidó como política pública permanente.

Clara compitió para la Jefatura de Gobierno y resultó ser la mujer aspirante mejor posicionada de todo el país. Durante la consulta, se dijo mucho que yo había apoyado a Omar García Harfuch; nunca apoyé personalmente a uno u otro. Omar se desempeñó como un excelente secretario de Seguridad Ciudadana. Sufrió un atentado perpetrado por un grupo delictivo en el que casi perdió la vida y decidió seguir encabezando la Secretaría. Es un hombre inteligente, valiente y con un profundo sentido de la responsabilidad y amor por su patria. Si bien no proviene de la lucha de nuestro movimiento, como muchas y muchos otros, se convenció de las bondades de la transformación del país.

La participación de ambos en la encuesta representó para la ciudadanía la idea de que Morena agrupa un amplio sector, que agrupa perfiles que iban desde el de Omar, que no venía de nuestras filas originales, hasta compañeras como Clara, una dirigente surgida de la izquierda social, con una trayectoria sólida. Una gran dirigente, honesta, creativa, gran organizadora y buena gobernante.

Al final, aun cuando la decisión en esa encuesta generó tensiones, mi idea rindió frutos. Morena es hoy una gran alianza con el pueblo de México, que integra muchas personas y sectores convencidos de que una transformación profunda, justa y duradera es posible en el país.

Esto me lleva también a reflexionar sobre cómo muchos intelectuales que ni siquiera vienen del movimiento de transformación —y que parecen querer erigirse como una especie de brújula moral de este— deben comprender que la transformación del país requiere diversos sectores y personas, sin que ello implique traicionar nuestros principios. De hecho, la mayoría de quienes hoy son gobernadores se incorporó al movimiento en 2017 y 2018.

El presidente López Obrador lo explica muy bien en su libro *¡Gracias!*, después de recordar el triunfo de Monreal en Zacatecas. Por cierto, en esa misma sección, describe lo que decía Melchor Ocampo de los moderados, lo cual sigue vigente: «¿Qué son en todo esto los moderados? Parece que deberían ser el eslabón que uniese a los puros con los conservadores… pero, en la práctica, parece que no son más que conservadores más despiertos, porque para ellos, nunca es tiempo de hacer reformas». Y, aun así, recuerda también que tanto Ignacio Comonfort como Melchor Ocampo fueron asesinados por los conservadores.

López Obrador suele llamar a estos personajes que no se comprometen con uno o con otro lado como los «progres buena ondita». Yo, con todo respeto, les llamo «guasha guasha». En la vida hay que comprometerse con las causas. Pero también sé que, como dirigente, no se puede ser sectario. Cada uno cuenta y suma. La dirigencia de un movimiento requiere promover la unidad de este; debemos aprender a respetar nuestros principios y a reconocer que juntos somos más.

Después partimos rumbo a Tula. Durante el trayecto hablamos de cómo los trenes de pasajeros no solo conectan territorios, sino que generan desarrollo regional y empleo. Le compartí al presidente un recuerdo de cuando era niña: al viajar con mis padres y hermanos en tren Pullman de la Ciudad de México a Guadalajara. Él recordó sus propios viajes, de la capital a Tabasco, mientras estudiaba en la Facultad de Ciencias Políticas. Mucha gente guarda memorias como esas, por eso digo que, además del desarrollo, recuperar la red ferroviaria es recuperar una parte de nuestra historia en común. Es la nostalgia de viejas generaciones, como la nuestra, convertida en porvenir para las nuevas generaciones.

Recuerdo que le dije al presidente: «Usted es un genio político, espero poder tener el cariño del pueblo y la habilidad para enfrentar las adversidades». Él respondió con serenidad: «Vas a ser muy querida, confía en el pueblo, no te alejes de él y, cuando tengas dudas, aplica siempre los principios».

Sábado 13 de julio. Hidalgo y Puebla

El sábado 13 de julio inició el día en Tula de Allende, Hidalgo. Primero fuimos a revisar el plan hídrico; se trata de una obra que comenzó después de una muy grave inundación por el desbordamiento del río Tula. Fue una tragedia. En ese desastre, un hospital del IMSS quedó completamente anegado y varias personas perdieron la vida. A raíz de eso, el presidente instruyó al director general de la Comisión Nacional del Agua, Germán Martínez, intervenir de inmediato para mejorar el cauce del río Tula, y en eso trabajaron desde ese día con empeño.

El río Tula es uno de los afluentes que llegan de la Zona Metropolitana del Valle de México. Desde hace tiempo está la refinería, una planta de producción de electricidad que usa combustóleo y la propia contaminación del caudal.

Cuando estuve en campaña en esta ciudad, me comprometí a regresar para hacer un proyecto integral de restauración ecológica para el municipio. Germán Martínez nos explicó cómo habían ampliado el cauce del río Tula. Lo cierto es que todavía hay trabajo por hacer.

Nos acompañó en este trayecto el gobernador de Hidalgo, Julio Menchaca, un hombre entregado, trabajador y que ama a su pueblo. Fue presidente del Tribunal Superior de Justicia de Hidalgo hace ya varios años y, en 2018, se integró a nuestro movimiento. Ganó contundentemente en 2022 y la verdad es que la gente lo quiere mucho.

Es un hombre sencillo que camina por los pueblos de su estado. Tiene un proyecto ambicioso que se llama Rutas de la Transformación para mejorar las carreteras de este hermoso estado, donde, sin embargo, aún persisten graves problemas de pobreza, particularmente en el Valle del Mezquital y en la Huasteca.

De ahí nos dirigimos a la refinería, donde se construye una coquizadora, pues las refinerías más viejas de nuestro país requieren plantas de este tipo. Su objetivo es dejar de producir combustóleo y lograr que la mayor parte del crudo que entra a esta planta se convierta en gasolina y diésel con bajo contenido de azufre.

La refinería está llena de banderas de México. Ahí nos recibió Guadalupe Phillips, la directora de ICA, una de las mujeres más inteligentes y capaces que conozco; una empresaria trabajadora y fuerte. Aunque no estudió Ingeniería, domina el terreno como si lo hubiera hecho. La conocí en la Ciudad de México. Hay muchas mujeres empresarias en nuestro país; ingenieras, contadoras, abogadas, que han tenido que abrirse paso en sectores profundamente masculinizados y luchar duro para poder coordinar compañías. Altagracia Gómez es otra empresaria que decidió comprometerse con nuestro proyecto. Podemos no coincidir en algunos temas, pero su apoyo desinteresado ha sido muy importante. Es una mujer inteligente, estructurada y capaz. Por ello, el esfuerzo y liderazgo de mujeres empresarias son de reconocerse.

Las y los trabajadores que construyen la coquizadora, vestidos de naranja, se emocionaron al ver al presidente. Él también se emocionó. Tanto que tomó el micrófono y ahí decidió pronunciar un discurso. Después me dio el micrófono y luego se lo pasamos a Guadalupe. Es conmovedor ver la entrega de los trabajadores mexicanos.

Durante muchos años nos llenaron de complejos; decían que todo era mejor en el extranjero, que la mano de obra mexicana no era calificada sino solo barata. Nos vendieron la imagen del mexicano dormido con su sombrero debajo de un nopal, como si fuéramos menos. Pero como dice López Obrador, se acabaron los complejos: somos un pueblo con una gran historia y somos una potencia cultural.

De ahí fuimos a un evento público para supervisar la construcción de un nuevo hospital del IMSS, en el mismo terreno en el que Calderón se comprometió a construir una refinería que nunca se concretó y solo llegó a media barda. En el acto hablaron el presidente, Zoé Robledo, director del instituto, y el gobernador Menchaca.

Un momento particularmente emotivo fue cuando Zoé relató una anécdota que casi me hizo soltar una lágrima: tras la inundación de Tula, al enterarnos de lo que ocurría en el hospital del IMSS, lo llamé para decirle: «Lo que necesites, Zoé». Y enseguida acudieron los Cóndores, que son los helicópteros de la policía de la ciudad, para rescatar a las personas que requerían apoyo urgente.

Rápidamente también llegó el personal del Sistema de Aguas de la Ciudad de México y de Servicios Urbanos y, por supuesto, de las Fuerzas Armadas con su plan DN-III-E y la Marina. Los trabajadores de la ciudad también son algo extraordinario, sumamente solidarios. Como Gobierno de la ciudad nos tocó auxiliar a muchas otras regiones. Enviamos personal de ambos equipos a Villahermosa cuando se inundó. Después, en Monterrey, asistimos con pipas para ayudar en el momento de la sequía, y acciones semejantes hemos realizado en muchos otros lugares. Ser jefa de Gobierno de la Ciudad de México ha sido uno de los mayores privilegios. Es un honor haber estado con las y los trabajadores del servicio público. Por eso, el reconocimiento que me hizo Zoé en realidad es para ellos y para la policía de la ciudad, quienes trabajan todos los días por el bienestar colectivo.

Al terminar el evento del IMSS, nos fuimos hacia Puebla para asistir a una asamblea de evaluación del programa Sembrando Vida. En el camino, mientras revisaba mi celular, me enteré de que el presidente Donald Trump había recibido un disparo durante un evento; se los compartí. De inmediato comenzaron a circular los videos. El presidente le pidió a Daniel Asaf: «Por favor escribe en mis redes sociales, bueno, dile a Jessi», y le dictó el texto: «Sea como sea, reprobamos lo sucedido al expresidente Donald Trump. La violencia es irracional e inhumana».

Yo también publiqué un mensaje más tarde: «Es bueno saber que el expresidente Donald Trump se encuentra bien. Reiteramos nuestra condena a este atentado y la importancia de rechazar cualquier forma de violencia política. La paz y la democracia siempre deben ser la opción».

Durante el recorrido conversamos sobre la relevancia de que las elecciones de Estados Unidos se desarrollaran en paz, sin tomar partido por ningún candidato. Hablamos también sobre la relación de AMLO con el presidente Trump. Me contó varios episodios, como cuando lo llamó por la detención del general Salvador Cienfuegos; de inmediato, el Gobierno estadounidense revisó el caso y, en coordinación con la Fiscalía General de la República, se concluyó que no había razón para su detención y lo liberaron. Sencillamente, ambos actuaron con rectitud. Hablamos de la relación de respeto que debe haber entre México y Estados Unidos. En esa plática, le dije la frase que siempre suelo repetir: «Cooperación, pero no subordinación».

Ya en Puebla nos encontramos con el entonces gobernador, Sergio Salomón, un hombre que se integró recientemente a nuestro movimiento, trabajador y un gran político. También estaba el gobernador triunfante, Alejandro Armenta, quien, estoy segura, realizará un excelente trabajo. Él también se integró a nuestro movimiento en 2017. En el camino seguimos conversando con el presidente. No puedo explicarles la grandeza de esas pláticas. Me contó del programa Sembrando Vida, una idea que comenzó a germinar cuando trabajó en el Instituto Nacional Indigenista y, después, cuando fue candidato en 2006.

Hoy Sembrando Vida es una de las acciones ambientales más importantes del mundo. En 2024 alcanzó una cobertura de 1.1 millones de hectáreas en 24 estados. La captura anual de dióxido de carbono se estima en cuatro millones de toneladas. Es una política pública que demuestra que es posible conciliar desarrollo, justicia social y sustentabilidad.

Llegamos a San Salvador el Verde. Es hermoso ver la entrega de la gente del programa Sembrando Vida; yo creo que es, quizá, uno de los que más emoción causa en las personas, pues significa regresar a trabajar su tierra y vivir dignamente. Siembran árboles, cosechan, construyen y crean. Es la tierra, es la vida. Cuando dije que el programa Sembrando Vida iba a continuar, la gente se emocionó profundamente.

Terminamos el día, después de un largo recorrido, en Tlaxcala.

Domingo 14 de julio. Tlaxcala

Iniciamos el día con un desayuno en el hotel donde habíamos pernoctado en Tlaxcala. En toda la gira hubo momentos memorables. Normalmente desayunábamos con el subsecretario Juan Pablo de Botton y con Daniel Asaf, quien se desempeñó durante el gobierno del presidente AMLO como jefe de su ayudantía presidencial: un equipo de 15 jóvenes que sustituyó la parafernalia de 8000 elementos de élite del antiguo Estado Mayor Presidencial.

Platicamos mucho sobre el movimiento, la fortaleza de las convicciones y lo que vivimos. El presidente nos contó anécdotas de su vida. Antes de esos desayunos, siempre hablaba con Beatriz. «No olvides nunca —me dijo una vez más— que cuando se tienen dudas entre una u otra decisión, los principios son la salida». Son enseñanzas que marcan, no solo a quien gobierna, sino para la vida misma.

Nos dirigimos al evento donde nos esperaba Lorena Cuéllar, gobernadora de Tlaxcala, una mujer que trabaja y ama de forma única la vida y su labor; es ejemplar, muy entregada, una gran compañera. El evento fue para rendir cuentas del trabajo de la SEP y las escuelas deportivas impulsadas por AMLO. Hablaron Leticia Ramírez, la secretaria de Educación Pública, así como Marx Arriaga, coordinador del modelo de la Nueva Escuela Mexicana y de los libros de texto.

Presentaron avances del programa La Escuela es Nuestra, de las becas Benito Juárez y de las escuelas deportivas. La educación pública es uno de los ejes de la transformación. Me cala hondo porque ahí fue donde inicié mi participación política, en el movimiento estudiantil. Hablé del derecho a la educación, desde el preescolar hasta la universidad. La educación fue mi inicio, hoy es mi compromiso.

Terminamos temprano y regresamos a la Ciudad de México con Rojas al volante. Acompañé al presidente hasta Palacio Nacional. Le expresé que no estaba segura de vivir en ese lugar. Me dijo que era un símbolo para el pueblo de México. «Piénsalo», me dijo. Palacio Nacional no es solo una residencia; es una responsabilidad que se honra desde el pueblo y para el pueblo.

ARCHIVO FOTOGRÁFICO I

Plan de Justicia para Pasta de Conchos, Coahuila

Reunión de evaluación de aduanas en Nuevo Laredo, Tamaulipas

Evaluación de proyectos de Conagua en Lerdo, Durango

Istmo de Tehuantepec

Inauguración del Camino de Mano de Obra en Miahuatlán, Oaxaca

Instalaciones de la Guardia Nacional en Santa Cruz Xoxocotlán, Oaxaca

Del 28 al 30 de junio

Instalaciones de la Sedena, antes de la visita al Tren Maya

Estación Kukulkán, Tren Maya

Del 5 al 7 de julio

Mexicali

En Sonora, el presidente AMLO decreta restitución de más de 51 202 hectáreas adicionales al pueblo yaqui

Tren El Insurgente

Refinería de Tula, Hidalgo

Sembrando Vida en San Salvador el Verde, Puebla

Viernes 19 de julio. Zacatecas y Aguascalientes

El vuelo a Zacatecas salía a las seis de la mañana; tocó madrugar para llegar al aeropuerto a las 5:15 a. m. Me acompaña parte de la «palomilla» y Julio Berdegué, quien sería el secretario de Agricultura y Desarrollo Rural de mi gobierno, un hombre de Sinaloa, experto en estos temas y con mucha sensibilidad social. Trabajó en la FAO gran parte de su vida y conoce muy bien el campo mexicano. Él y su familia siempre apoyaron el movimiento.

Llegamos a Zacatecas, donde nos esperaba David Monreal. Desayunamos en el restaurante El Mesón. Zacatecas es una de las ciudades coloniales más hermosas de toda la República, su centro histórico es una belleza. Dicen que esta entidad tiene rostro de cantera y corazón de plata. Zacatecas vive principalmente de la actividad primaria, la minería y el sector agropecuario, aunque también tiene algo de industria. Su actividad minera data de hace 500 años. La primera mina de plata fue descubierta en el siglo XVI en San Bernabé y desde entonces continúa su explotación. México es el principal productor de plata del mundo y Zacatecas produce el 45.2% de toda la plata del país. También es el principal productor de frijol.

Durante el desayuno, David nos mostró avances en seguridad: entre 2021 y 2023 los homicidios se redujeron en 40%. Es increíble cómo los medios pueden hablar del presunto incremento de la inseguridad en un estado y los estragos económicos, y cuando hay buenos resultados, nunca sale la noticia. Debería hablarse de los dos. Pero, en el periodo de Calderón, dejaron de hablar de los hechos violentos en un pacto con muchos recursos. Platicamos con David y con la recién electa senadora Verónica Díaz sobre los inicios del movimiento en la entidad. AMLO nos enviaba como delegados a uno u otro estado. A Verónica le tocó Aguascalientes y Zacatecas. Ella también la hacía de chofer cuando Rojas no podía llegar.

Conversando con David fue que tuvimos la idea de rehabilitar la planta de producción de semilla mejorada de frijol. Nos platicó que funcionó antes del periodo neoliberal y luego la abandonaron. Recuperarla sería un paso firme hacia la soberanía alimentaria.

Ahí tomé la decisión de hacerlo. México consume cerca de un millón de toneladas de frijol e importa 300 000, lo cual es un absurdo. Por eso decidí que uno de los objetivos de mi gobierno sería alcanzar la autosuficiencia en la producción de frijol.

Después pasamos por López Obrador y nos dirigimos a la asamblea en el Centro de Convenciones para hacer una evaluación pública de los programas de apoyo al campo: Producción para el Bienestar, fertilizantes gratuitos y precios de garantía, principalmente. Terminando el evento, nos trasladamos por tierra a Aguascalientes.

Ahí participamos en una reunión con los equipos de Internet para Todos y del Conahcyt, en la sede de Infotec. Llevar conectividad a todo el país es un reto enorme. El marco legal heredado del neoliberalismo del pasado impide que CFE Internet opere de manera directa como proveedor final; solo puede hacerlo donde las empresas privadas no ofrecen el servicio (eso ya cambió, la nueva ley de telecomunicaciones lo permite). A pesar de ello, se han instalado antenas a través de una compañía que adquirió las acciones mayoritarias para el Estado mexicano: Altán, que vende a intermediarios, quienes, a su vez, comercializan hasta el usuario final, como es el caso de Walmart, y por su parte, CFE Internet brinda servicio a comunidades apartadas a partir de diferentes mecanismos. Internet para Todos no es un lujo, es un derecho que estamos haciendo realidad.

Por otro lado, María Elena Álvarez-Buylla y su equipo expusieron los avances del Conahcyt para impulsar la ciencia y la tecnología; en particular, la creación de la entidad InnovaBienestar, que promueve el desarrollo tecnológico nacional.

Hablé sobre la relevancia de la ciencia y de la necesidad de reconocer el acceso a internet como un derecho. En pocas palabras, soberanía y derechos, pilares esenciales de la transformación.

Hubo una anécdota curiosa de esa reunión. El presidente aprovechó para pedir algunas líneas para el informe del 1.° de septiembre. Quería que fueran breves y concisos, pues era mucho lo que tenía que informar. Recordé entonces que cuando él era jefe de Gobierno, también acostumbraba pedirnos notas para sus informes. Como secretaria de Medio Ambiente, personalmente redactaba cuartilla y media sobre lo que habíamos hecho. El día del informe esperaba con ansias el momento al que se iba a referir a nuestro trabajo, pero solo decía media línea: «Este año no tuvimos contingencias ambientales». AMLO soltó una carcajada. «Es verdad —dijo—, pero esa frase decía más que mil palabras».

Aprovechó para preguntarme por qué, durante mi gobierno en la Ciudad de México, hubo tantas contingencias ambientales. Le expliqué que habíamos reducido de manera importante el umbral para emitirlas, lo que derivó en más alertas, aunque con mejor calidad del aire. Como quiera, aprovechó para decirme: «Pues yo tuve mejores índices en contingencias ambientales, pero tú bajaste más los delitos de alto impacto».

Nos dirigimos hacia San Luis Potosí por carretera. En el camino, le recordé al presidente los tiempos del Gobierno Legítimo, cuando nos había tocado trabajar en ese estado y en el de Querétaro. Hablamos mucho de aquella época. Él hizo la reflexión de que nos ayudó muchísimo que Calderón nos daba por muertos como movimiento, mientras él recorría todo el país y nosotros lo acompañábamos en cada estado de la República, con convicción y entrega.

También rememoró la lucha de la familia Nava contra el fraude electoral en los noventa y yo le mencioné la lucha contra la minera San Xavier en tiempos de Calderón, otro episodio emblemático de defensa del territorio y del medio ambiente.

Sábado 20 de julio. San Luis Potosí y Guanajuato

Llegamos al evento con la presencia de Ricardo Gallardo, gobernador de San Luis Potosí por el Partido Verde, que es nuestro aliado. Aquí ganamos con 60.5% de los votos. La asamblea fue muy especial. El gabinete económico del presidente López Obrador dio un informe durante un mitin de unas 7000 personas.

El secretario de Hacienda, Rogelio Ramírez de la O, presentó un análisis que resultó noticia de primera plana en los periódicos. De cara a la revisión del Tratado entre México, Estados Unidos y Canadá (T-MEC), resaltó que en 2021 el presidente le encomendó desarrollar un plan para crear conciencia de que México y Norteamérica deberían producir más de lo que consumen, porque estamos dependiendo demasiado de China para productos básicos de nuestros hogares.

Explicó que mientras la participación de China en el producto interno bruto mundial aumentó de 3.6 a 18%, la de Norteamérica bajó de 35 a 29%, mientras que la de Estados Unidos se redujo de 30 a 25 por ciento.

La secretaria de Economía, Raquel Buenrostro, hizo lo propio en su intervención. De nuestra parte habló Marcelo Ebrard, actual secretario de Economía. Como siempre, con su ya conocida solvencia.

Lo significativo de este informe no fue solo su contenido. Miren lo hermoso del momento. Este informe podría haberse hecho a puertas cerradas o en un documento, pero no. La Cuarta Transformación hace política de otra forma, de frente al pueblo de México, aun cuando esto pueda parecer algo muy técnico. Es verdaderamente emocionante y único que el informe de la situación económica se haga en una plaza llena.

Transcribo aquí parte del discurso del presidente AMLO de ese día, pues muestra su cercanía y forma de hablar con el pueblo de temas que pueden parecer muy complejos; también describe en palabras sencillas el modelo de la economía moral:

> Pues ahora las riquezas de México, el ingreso de México, el presupuesto de México, que es de todos los ciudadanos… Porque había también la creencia de que el presupuesto era del Gobierno. No, el presupuesto es dinero del pueblo, nosotros somos simplemente administradores de los dineros del pueblo.

¿Y qué estamos haciendo? Estamos distribuyendo con justicia a todos los mexicanos el presupuesto.

¿Y qué es la justicia? Es darle más al que tiene menos, porque no puede haber trato igual entre desiguales; primero los pobres. Pero este modelo nuestro funciona, porque lo otro era lo irracional, lo que llaman política neoliberal era un absurdo.

Imagínense el fundamento de esa política. Decían: «Tenemos que ayudar a los de arriba, porque, si ayudamos a los de arriba, se van a beneficiar los de abajo. Si llueve fuerte arriba, va a gotear abajo». Ese era el fundamento, como si la riqueza fuese contagiosa o permeable.

No, nosotros estamos aplicando una política económica distinta, se está apoyando de abajo hacia arriba, primero la base de la pirámide social. Somos 35 millones de familias en el país, y es un orgullo poder decir que 30 millones de familias están recibiendo aunque sea una pequeña porción del presupuesto público, 30 millones de familias; y los cinco que no reciben, cinco millones que no reciben de manera directa este apoyo, también se benefician porque, si hay ingresos abajo, la gente tiene capacidad de consumo, compra lo básico y hasta lo no básico, y se beneficia el comercio y se beneficia la industria. Por eso nos está yendo bien, por este modelo, porque, cuando la milpa se da bien, alcanza hasta el pájaro, a todos los mexicanos les está yendo bien.

No les voy a dar aquí, a poner ejemplos, pero, imagínense, no hay un empresario de los grandes que haya fracasado; al contrario, todos han tenido utilidades, y hay empresarios que han incrementado, con su trabajo y con su capacidad empresarial, creando empleos y de manera legal, han aumentado hasta el doble su fortuna. Los banqueros, me da hasta pena decirlo, pero en el gobierno nuestro, el año pasado, este año, es cuando más ganancias han tenido los bancos en toda la historia de México.

¿Saben por qué lo digo? Porque tengo también la gran satisfacción de poder decir que, en toda la historia moderna, nunca se había reducido la pobreza en México como lo estamos haciendo ahora.

Después del acto, nos trasladamos por tierra a Doctor Mora, Guanajuato, a uno de los mítines más emotivos de toda la transición. Guanajuato es un estado que muestra la desgracia del modelo neoliberal y conservador. Es el estado con más violencia de todo el país y ha sido gobernado por el PAN desde 1991. Aquí les doy algunos de sus indicadores: tiene los salarios promedio más bajos de todo el país, el primer lugar en adicciones, es en donde menos se ha reducido la pobreza y, al mismo tiempo, registra más asesinatos a nivel nacional.

Durante la campaña presidencial fue muy evidente que la gente estaba harta de la violencia, la desigualdad, la pobreza. Alma, nuestra candidata, hizo un gran trabajo. Ganamos la Presidencia de la República por ocho puntos y los dos senadores, pero no así el Gobierno del estado. Durante la campaña se dedicaron a comprar votos repartiendo la Tarjeta Rosa para mujeres, algo que está totalmente prohibido por la ley.

En el acto de esta comunidad de la zona rural de Guanajuato, participaron adultos mayores y jóvenes emocionados con la presencia del presidente AMLO, que gritaban: «Es un honor estar con Obrador». Se informó sobre los Bancos del Bienestar y la Financiera para el Bienestar, dos de los grandes proyectos del sexenio. El Banco del Bienestar distribuye los recursos de los programas sociales a través de tarjetas, sin intermediarios. Cada beneficiario tiene una cuenta. Hablamos de 20 millones de usuarios bancarizados en solo tres años; no es un banco privado, sino propiedad del pueblo de México.

La banca comercial tiene sucursales solamente en 6.5% de los municipios catalogados como rurales, con menos de 15000 habitantes. Es por eso que las acciones del Gobierno de López Obrador fueron encaminadas a fortalecer estas instituciones para ofrecer la atención que requieren las poblaciones más alejadas y carentes de servicios de la banca comercial. Porque donde la banca privada ve números, nosotros vemos derechos.

Hoy el Banco del Bienestar opera una red de 3 149 sucursales para que los programas sociales lleguen de manera directa a los casi 30 millones de beneficiarios y beneficiarias. Así se garantiza que el bienestar no sea un privilegio, sino un derecho que toca la puerta de cada hogar.

Nos trasladamos a Querétaro, donde pernoctamos.

Recuerdo que ese día el presidente Trump, que estaba en plena campaña electoral, se refirió de una forma déspota a quien había sido negociador cuando quisieron ponerse aranceles por migración, en 2019. Decidí poner un mensaje en la red X que decía:

«Lamento el lenguaje soez del expresidente Trump y desde luego discrepo de su opinión sobre @m_ebrard. Para mí es uno de los mejores servidores públicos de México y será un gran secretario de Economía de nuestro país que, nadie debe olvidar, es libre y soberano». Se lo leí a AMLO y me dijo: «Qué bueno que tengas carácter, que te vayan conociendo».

Domingo 21 de julio. Querétaro

En la Unidad Deportiva «Josefa Ortiz de Domínguez», en Santiago de Querétaro, el presidente AMLO encabezó la evaluación de la Pensión para el Bienestar de las Personas Adultas Mayores y el programa de pensiones para personas con discapacidad. Correspondió a la secretaria de Bienestar, Ariadna Montiel, presentar el informe.

Ariadna es una mujer trabajadora, entregada, de profundas convicciones y es, quizá, la mejor organizadora política que conozco. El programa para adultos mayores surgió cuando AMLO fue jefe de Gobierno en la Ciudad de México. Al inicio fue criticado por propios y extraños. ¿Qué era eso de dar dinero de forma directa al pueblo? Sin embargo, con el tiempo, hasta los adversarios comenzaron a replicarlo.

Como presidente, hizo de este programa el más emblemático de su sexenio. Tiene una virtud transformadora: es universal. Por lo tanto, no solo es un programa social, sino un derecho que quedó consagrado en el artículo 4.° de la Constitución Política de los Estados Unidos Mexicanos.

Permite que las y los adultos mayores dejen de depender de los hijos y es, además, un reconocimiento a una vida de trabajo por la patria. En la campaña compartí: «Mientras la oposición les llama "flojos", para nosotros las y los adultos mayores son héroes y heroínas de la patria, porque han dado su vida a sus familias, a sus pueblos y a la nación. Así como los pueblos originarios veneran a las y los adultos mayores, nosotros también».

Distribuir los recursos públicos de manera directa al pueblo de México potencia el mercado interno y fortalece la autonomía de las personas. Al haber dinero en el mercado, la economía se mueve y hay desarrollo. Por eso decimos que a la economía hay que regarla desde abajo para que florezca; si se riega desde arriba, se queda solo arriba. La teoría neoliberal llegó a justificar el *trickle-down economics*, es decir, ayudar a los de arriba para que goteara hacia abajo. Esa fue una de las mentiras más costosas de nuestra historia. Enriqueció a unos pocos y empobreció a muchos.

Tengo la convicción de que un país no solo debe evaluarse por la riqueza que genera, sino también por la que distribuye; no solo por la inversión que recibe, sino por el salario de sus trabajadores y trabajadoras, por el empleo digno y el acceso a los derechos, así como por la protección a sus recursos naturales. Porque la verdadera grandeza de una nación no se mide en cifras, sino en la dignidad con la que viven su pueblo y su tierra.

Al terminar el evento en Querétaro, regresamos a la Ciudad de México con la convicción y la esperanza más sólidas y fuertes. Vamos por el segundo piso de la Cuarta Transformación.

Miércoles 24 de julio. Mañanera

Antes de relatar la gira del siguiente fin de semana, me parece relevante —por la relación con Estados Unidos— mostrar la liga de la carta que el presidente AMLO dio a conocer en la mañanera del 24 de julio, dirigida al presidente Trump: https://www.gob.mx/amlo/documentos/carta-a-donald-trump.

Viernes 26 de julio. Cuernavaca y Acapulco

Salimos a las 8:30 de la mañana rumbo a Cuernavaca. Ahí esperamos al presidente AMLO. Nos reunimos para revisar los resultados del Programa de Mejoramiento Urbano coordinado por Román Meyer al frente de la Secretaría de Desarrollo Agrario, Territorial y Urbano. El encuentro fue en Casa Palmira, que fue sitio de descanso del presidente Lázaro Cárdenas del Río, y que hoy es un espacio abierto al público. Emociona imaginarlo recorriendo sus pasillos, donde —dicen— a veces se reunía con su gabinete, quizá tomando decisiones que marcaron el rumbo del país. Ese legado, ese hecho histórico, sigue vivo en cada rincón de este hermoso lugar.

Román y su equipo realizaron intervenciones en el espacio público que han transformado a las comunidades. Tal es el caso de la Ciudad de las Artes Indígenas, en Tepic, Nayarit, o el Parque Nacional Tulum.

Desde que llegué, platicamos con Margarita González Saravia, gobernadora electa de Morelos, quien enfrentó una campaña de mentiras e infundios por parte de la candidata del bloque conservador, una exmilitante de nuestro movimiento.

Aquí ganamos la Presidencia de la República con el 63.8% de los votos, y Margarita obtuvo la gubernatura con un porcentaje muy amplio. En Morelos, nuestra coalición ganó en 11 de los 12 distritos electorales. La entidad es una de las más rurales de México y también emblemática, porque aquí nació y fue asesinado Emiliano Zapata. Margarita es una mujer que inició su militancia política junto a Heberto Castillo en el Partido Mexicano de los Trabajadores (PMT). Desde joven ha recorrido el estado, lo conoce y ama como pocas personas. Estoy segura de que será una gran gobernadora.

Heberto Castillo, ingeniero civil reconocido nacional e internacionalmente, militante de las mejores causas, fundó el PMT con una reivindicación clara de la historia de México. Esa visión lo distinguió de otros partidos de izquierda y, en cierta manera, es también una de las raíces del pensamiento que inspira al movimiento fundado por López Obrador. Su carrera política inició cuando, siendo joven, fue invitado por su alumno Cuauhtémoc Cárdenas Solórzano a acompañar al expresidente Lázaro Cárdenas del Río en algunos de sus recorridos por el país. Ahí se forjó su compromiso con las luchas populares y la defensa del interés nacional.

Con los ecos de esas causas, nos dirigimos desde la casa del general Lázaro Cárdenas en Palmira al puente de Apatlaco, conocido como el «puente sin fin» porque durante años no llevaba a ningún lado. El objetivo inicial de esta obra era conectar Temixco con Cuernavaca a través de un tramo carretero que agilizara el tiempo de traslado hacia los desarrollos habitacionales que estaban surgiendo en la zona. Sin embargo, el proyecto quedó inconcluso.

Su construcción inició en 2011, durante el sexenio de Felipe Calderón, como parte de un plan que contemplaba más de 40 000 viviendas construidas por la empresa GEO. Pero la constructora después quebró, como parte de la trama de corrupción que definió el sexenio. AMLO se comprometió a terminar el puente. El terreno donde ya se construyen viviendas pasó a manos de Banorte, una vez que la constructora GEO se declaró en bancarrota y no pudo finalizar las casas. El Gobierno federal llegó a un acuerdo con este banco. Se construirá vivienda de interés medio e interés social; además, los derechohabientes de Infonavit podrán adquirir una propiedad en la zona. Este es un ejemplo más de cómo dejar atrás el neoliberalismo y la corrupción, para abrir paso a soluciones racionales.

Tomamos nuevamente la camioneta rumbo a la parroquia Santo Domingo de Guzmán, en Tlaquiltenango. Hicimos una parada para comer en la Fonda Cuatro Vientos, junto a la caseta de Alpuyeca; allí sirven una cecina y un requesón deliciosos, acompañados de tortillas de maíz criollo hechas a mano.

En la parroquia, frente al pueblo, Alejandra Frausto, en ese entonces secretaria de Cultura, explicó el programa de reconstrucción de templos más amplio que se haya emprendido en el país, ya que la mayoría de ellos se dañaron con el sismo de 2017. Bajo la guía del Instituto Nacional de Antropología e Historia, cada restauración se realizó con esmero, conscientes de que los templos construidos antes del siglo XIX son monumentos que forman parte del patrimonio nacional.

Estos encuentros son muy conmovedores. Para quienes hemos caminado y militado en el movimiento junto a AMLO durante tantos años, sentimos una mezcla de nostalgia y gratitud al pensar que él se retira de la vida pública. Pero también sentimos orgullo, porque deja sembrado un legado vivo en el corazón del pueblo de México.

Con ese mismo entusiasmo cae la noche. Hoy pernoctaremos en Las Estacas.

Sábado 27 de julio. Tlaltizapán de Zapata, Morelos; Acapulco y Copala, Guerrero

Por la mañana, después del desayuno, nos dirigimos a Tlaltizapán para visitar una de las 200 Universidades para el Bienestar «Benito Juárez García», coordinadas por Raquel Sosa. La arquitectura es hermosa, integrada al paisaje. Estos planteles brindan educación superior a cerca de 100 000 jóvenes en los rincones más apartados del país.

Este programa nació de una necesidad profunda: ampliar el acceso a la educación superior en los territorios históricamente olvidados. Su modelo educativo vincula a las comunidades, desde la construcción de sus instalaciones hasta el diseño de los programas académicos.

Raquel es de la generación de López Obrador, aunque él bromea diciendo que ella fue su maestra. En medio del recorrido, el presidente le preguntó quién ha sido el mejor presidente de México. Ella respondió sin dudar: «Lázaro Cárdenas». Entre risas y reflexiones, debatieron sobre si fue Benito Juárez o Lázaro Cárdenas. Ambos son grandes estudiosos de la historia de México y comparten una admiración profunda por las figuras históricas de nuestro país.

Después de esta visita, nos dirigimos al mitin. Fue conmovedor ver a las y los estudiantes de la universidad emocionados y contentos. Entre otras carreras, aquí se imparte la licenciatura en Conservación y Restauración del Patrimonio Cultural.

Al terminar ese evento, nos dirigimos a la base naval de Acapulco para la evaluación de los avances en la reconstrucción tras el paso del huracán Otis. En el camino, el presidente me relató lo difícil que fue llegar a Acapulco al siguiente día del huracán. La carretera estaba severamente dañada y tuvieron que cambiar de vehículo varias veces. Hablamos también sobre cómo la oposición no solo se lanzó contra el Gobierno, sino que incluso intentó obstaculizar la llegada de la ayuda. Recuerdo que, al día siguiente del huracán, el presidente presentó durante la mañanera aquella fotografía tan dolorosa de Kevin Carter, donde un buitre acecha a un niño hambriento en Sudán, una escena que parecía estar inconexa con la situación derivada del huracán en Acapulco.

Sin embargo, ese día AMLO dijo:

> Es muy fuerte y doloroso, pero les voy a poner una imagen que ayuda a entender lo que a veces hacen los periodistas y los medios mercenarios. Los que no tienen ética y trafican con la pobreza, la necesidad, con el dolor humano. Es parte de la enajenación de este mundo o de estos sistemas deshumanizados donde «el fin justifica los medios». Se puede mentir, inventar cosas, calumniar y todo para destruir al adversario o para sacar provecho en lo personal.

Lo cierto es que el humanismo y la ética de AMLO contrastan con la miseria humana de algunos medios o dirigentes de oposición. Acapulco salió adelante gracias al respaldo decidido del Gobierno de México. En su libro *¡Gracias!*, él detalla cada uno de los apoyos que recibieron los habitantes de Acapulco y Coyuca de Benítez.

Después de algunas horas en carretera, llegamos a Acapulco. En la reunión, las autoridades presentaron los avances y delinearon el plan de reconstrucción a largo plazo. Coincidimos en que es necesario atender dos grandes desafíos: el plan hídrico y la seguridad, además de la reconstrucción de hoteles y condominios privados.

Concluida la reunión, tomamos carretera rumbo a la Costa Chica para llegar a Copala. En el camino nos detuvieron varias veces: el cariño de las y los guerrerenses hacia AMLO es inmenso, genuino. Pernoctamos en Copala.

Domingo 28 de julio. Guerrero y Oaxaca

A la mañana siguiente nos dirigimos a Cuajinicuilapa, uno de los municipios con mayor población afromexicana de Guerrero. No pudimos llegar al mitin en la camioneta porque había muchísima gente; nos bajamos y caminamos cerca de 500 metros rodeados por la multitud, entre saludos y muestras de cariño.

El sol era ardiente. Al llegar a la asamblea, nos recibió Evelyn Salgado, la gobernadora, una mujer entregada que conoce su estado desde la infancia. De ella surgió la frase: «Hasta siempre, presidente Andrés Manuel López Obrador», que después apareció en pintas y cartulinas por todo el país.

Inauguramos el tramo de carretera de Las Vigas a los límites de Guerrero y Oaxaca, y las autoridades evaluaron los caminos construidos con mano de obra local en La Montaña de Guerrero.

Terminó el mitin y regresamos a Acapulco. Durante el camino, platicamos mucho sobre la importancia de dotar a Guerrero de más infraestructura. Hablamos, por ejemplo, de concluir la carretera que inició el presidente para que sea más rápido el recorrido de Zihuatanejo a Salina Cruz. Al regreso, él abordó el avión de la Fuerza Aérea y nosotros tomamos un vuelo comercial.

Viernes 2 de agosto. Puente La Concordia, Chiapas

Salimos de la Ciudad de México muy temprano rumbo a Tuxtla Gutiérrez, donde nos encontramos con el presidente. El recibimiento en el aeropuerto fue bellísimo. Costaba trabajo caminar entre tantas personas que me abrazaban con entusiasmo. El cariño que recibo me llena de energía. Solo pienso sin aliento: «No puedo fallar, no puedo fallar».

Allí estaba Toño Santos, uno de los dirigentes del movimiento estudiantil del Consejo Estudiantil Universitario (CEU) de 1986-1987, tan formativo para mi generación y del que ya he comentado en páginas anteriores. Como conté antes, en 1986, el entonces rector de la UNAM, Jorge Carpizo, decidió aprobar en el Consejo Universitario, «por obvia resolución», una reforma que aumentaba las cuotas, eliminaba el pase automático de bachillerato a licenciatura e imponía evaluaciones académicas únicas para todas las carreras. A partir de ahí se gestó el movimiento que conformó un consejo estudiantil con representación de todas las escuelas.

En muy poco tiempo comenzaron las movilizaciones contra aquella reforma. La demanda principal era su derogación y la realización de un Congreso Universitario con la participación de todos los sectores para discutir el futuro de la UNAM. Pero antes se puso por delante una demanda recuperada del movimiento estudiantil de 1968: un diálogo público entre autoridades universitarias y estudiantes.

Las autoridades aceptaron el diálogo, convencidas de que iba a ser sencillo derrotar a los estudiantes. Este tuvo lugar en el auditorio llamado Justo Sierra por las autoridades y Che Guevara por los estudiantes. El diálogo se transmitió por Radio UNAM. Cuál fue la sorpresa para la soberbia de las autoridades universitarias: los estudiantes ganamos el debate. En enero, tras asambleas en todas las escuelas, decidimos votar una huelga estudiantil. En febrero de 1987, las autoridades se vieron obligadas a suspender las reformas y aceptar la realización del Congreso Universitario. Fui representante de mi facultad, la de Ciencias, en el CEU. Fue un triunfo de la inteligencia colectiva sobre la imposición autoritaria.

Uno de los argumentos que más convenció, aun cuando todos los medios de comunicación estaban en contra del movimiento, fue sostener, con firmeza, nuestros argumentos de que la educación es un derecho y no una mercancía. Así lo establece el artículo 3.° de la Constitución, y así lo defendimos en cada aula, en cada mitin y en cada diálogo.

Estando en la Jefatura de Gobierno, invité a Toño Santos a colaborar conmigo. Cuando salí a hacer campaña para ganar la encuesta de nuestro movimiento, él se quedó encargado del estado de Chiapas. El presidente AMLO también lo conocía desde hacía mucho tiempo.

Alcanzamos al presidente y viajamos en camioneta hacia La Concordia, Chiapas, para inaugurar un puente que cruza el río Usumacinta, el más caudaloso y ancho del país. Ahí nos encontramos con el gobernador Rutilio Escandón, quien desde hace muchísimos años apoya el movimiento.

En el transcurso del viaje, platicamos con el presidente sobre las finanzas públicas. Me dijo: «Estoy seguro de que si sigues combatiendo la corrupción y disminuyes gastos suntuarios que todavía existen en algunas instituciones y cobras bien los impuestos, vas a poder financiar tu sexenio sin necesidad de aumentarlos». Añadió que él había logrado recaudar mucho más que en el pasado sin aumentar impuestos más allá de la inflación.

Por ejemplo, Calderón y Peña aumentaron los impuestos: el primero subió el IVA del 15 al 16%, y el ISR del 28 al 30%, además de los incrementos mensuales a la gasolina y el diésel. Y aun así, no lograron recaudar lo mismo que AMLO, porque continuaron condonando impuestos a los de arriba. Luego, el presidente agregó un consejo: «Te sugiero que tengas claros tus proyectos de infraestructura para iniciar cuanto antes». Un gobierno honesto no necesita cargarle la mano al pueblo, necesita justicia fiscal y visión de futuro.

En el sexenio de Fox y los primeros años de Calderón, el precio del barril de petróleo alcanzó más de 100 dólares, y con ello hubo excedentes anuales en 2004 y 2005 de 20 000 millones de dólares, y de 12 000 millones de dólares en el primer año de Calderón. ¿Qué obra importante recordamos de esos sexenios? Realmente, nada.

Me comentó que sabía que a mí me gustaba supervisar obras públicas y que tenía experiencia; recordó mi participación en la construcción del segundo piso del Periférico. Dijo que eso me iba a ayudar mucho. Coincidí. Conocer el terreno y estar cerca de las obras marca la diferencia. Supervisar, supervisar, supervisar.

Durante el acto público, el presidente recordó que, años atrás, cuando vino a visitar esta zona, un grupo de personas le planteó la necesidad de construir el puente de La Concordia. Por eso, dio instrucciones al secretario de Infraestructura para hacerlo. El comité estaba presente y celebró con alegría la promesa, que al final se cumplió.

De regreso, nos detuvieron en muchos pueblos donde la gente salía a saludarnos, especialmente a él. En una de esas paradas se acercó un joven que le dijo: «Estudié en la normal de Ayotzinapa y estamos con usted». Lo abrazó con enorme cariño.

Más adelante, hablamos de los 43 jóvenes desaparecidos. Me dijo que había sido profundamente doloroso no haber podido avanzar más, pero que ahora me correspondía dar continuidad y no cerrar el caso. Recordamos los intentos de influir —algunos desde el exterior— en la narrativa para responsabilizar al Ejército.

Las cartas que dirigió a los padres y madres reflejan con claridad su pensamiento. Me explicó que estudió personalmente el expediente y que, aunque pudieron haber participado algunos malos elementos, no encontró pruebas de que existiera una orden institucional con el propósito de desaparecer a los estudiantes.

Me habló de la entereza de muchos compañeros y compañeras del Gobierno que, con responsabilidad y apego al deber público, han trabajado para llegar a la verdad, y de cuántas personas están hoy en la cárcel, incluido el entonces procurador de Justicia, Jesús Murillo Karam. Me comprometí a dar seguimiento a este doloroso episodio que habita no solo en el pesar de las familias, sino también en la conciencia del pueblo de México.

Chiapas tiene una diversidad extraordinaria. Está conformado por diez cuencas hidrográficas divididas en 12 subcuencas. Los principales ríos son el Usumacinta y el Grijalva, los más caudalosos de México. Sus paisajes son únicos. La Selva Lacandona, de casi 1.8 millones de hectáreas, alberga 20% de las especies mexicanas.

En la entidad habitan los pueblos tseltal, tsotsil, ch'ol, tojol-ab'al, zoque, chuj, kanjobal, mam, jacalteco, mochó, cakchiquel y lacandón. Sin embargo, Chiapas ha vivido una historia dolorosa de sobreexplotación de estos pueblos que se remonta a la Colonia. Realmente, la Revolución no alcanzó plenamente a este estado, y la concentración de la tierra persiste en muchas regiones. Le comenté al presidente que una senadora de Morena, originaria de San Juan Chamula y representante de los pueblos originarios, me dijo una frase que me conmovió profundamente: «Eres el sueño no cumplido de nuestras abuelas».

El regreso estuvo lleno de paisajes majestuosos. El presidente recordó el episodio en que fui retenida en Chiapas por presuntos maleantes durante la campaña. Me dijo que le gustó la forma en que reaccioné: con serenidad y firmeza. Le conté que lo que más me llamó la atención ese día fue ver, apenas nos detuvieron, el micrófono de Latinus, lo cual me pareció sumamente extraño. Como si hubiese sido un montaje (cualquier semejanza con otros no parece ser coincidencia).

Platicamos sobre los medios y la relevancia de la conferencia matutina. Le comenté que iba a mantener la mañanera; incluso había hecho una encuesta y la mayoría de la gente prefería que así fuera. Coincidimos en que era muy importante para seguir garantizando el derecho a la información, la comunicación directa con el pueblo, dar espacio a la réplica y la presencia de los medios alternativos.

Regresamos a Tuxtla Gutiérrez a descansar.

Sábado 3 de agosto. Tuxtla Gutiérrez, Chiapas; y La Chontalpa, Tabasco

Nos reunimos temprano para desayunar. Fue un momento muy especial: estaban presentes Juan Pablo y Daniel. AMLO nos compartió que en Tuxtla Gutiérrez vivieron sus padres. Su madre falleció por una enfermedad pulmonar provocada por el humo de las cocinas con leña. Habló entusiasmado de ella y de su padre, con anécdotas entrañables que prefiero guardar por respeto a él, pero les aseguro que son experiencias que forjaron su carácter y sus valores.

Le compartí mi experiencia en una comunidad purépecha cuando era estudiante de licenciatura. Detallo lo que mencioné en páginas anteriores. De 1983 a 1985-1986 estuve cerca de tres años colaborando en Cheranatzicurin: una semana vivía allá y tres en la Ciudad de México. Junto a varios compañeros, construíamos estufas de leña con bloques de barro y arena moldeados en madera; usábamos dos cubetas para formar dos hornillas y una chimenea hecha con latas de refresco para sacar el humo de la cocina. Mi tarea era medir el ahorro de leña. Salía muy temprano a distintas casas, y pesaba la leña que se usaba en fogones de tres piedras y en las estufas. Después realicé un análisis termodinámico de la estufa, que se convirtió en mi tesis de licenciatura.

Aprendí muchísimo en Cheranástico —o Cheranatzicurin—, pero quizá lo más valioso fue el cariño y la solidaridad de la comunidad hacia nosotros, que veníamos de fuera.

Volví a ese lugar en campaña, después de casi 40 años. Nos abrazamos, nos recordamos. Conocí a Claudia, una joven que lleva mi nombre. No habíamos tenido la oportunidad de encontrarnos. Dice Pablo Neruda en un poema que «un abrazo es quitarse un pedacito de ti para dárselo al otro, para que así puedan continuar su camino menos solos». Es muy profundo el sentimiento de unidad cuando se entrelazan la historia de vida y la historia de la transformación. Indescriptible.

Conversamos también sobre el levantamiento del Ejército Zapatista de Liberación Nacional. El presidente nos habló de los encuentros que tuvo con el subcomandante Marcos, como lo narra en su libro *¡Gracias!* Coincidimos en que es una organización que debe respetarse, aunque hemos tenido visiones distintas sobre los caminos para alcanzar la transformación.

Nos trasladamos en auto a La Chontalpa, Tabasco, para realizar la evaluación del Tren Interoceánico. En el camino, el presidente me compartió recuerdos de su vida en Tabasco: cómo creció, la influencia de su maestro Rodolfo Lara, quien le hizo abrir los ojos sobre las razones más profundas de la desigualdad; su decisión de irse a estudiar a la Ciudad de México y las dificultades económicas que atravesó junto con su familia. Escuchar las anécdotas personales del hombre que transformó la historia de México conmueve y deja una profunda huella, pues su historia es ejemplo de cómo la vida de un individuo puede impactar el rumbo de una nación.

Ese día tuvimos una reunión con la Secretaría de Marina, encargada de la construcción del Tren Interoceánico, y con las empresas responsables de la obra. Este proyecto no solo busca conectar ambos océanos a través del Istmo de Tehuantepec, sino también articularse con el Tren Maya en Palenque, extender una vía hacia Ciudad Hidalgo, Chiapas, frontera con Guatemala, y otra hacia Paraíso, Tabasco, con el objetivo de facilitar el transporte de hidrocarburos y fortalecer la integración regional.

La luz es hermosa. Se respira una sensación de deber cumplido entre quienes han participado en el proceso de transformación del país, que incluye dotar de infraestructura al sur de México, una región históricamente olvidada. Hoy la concepción del desarrollo es distinta a la que predominó en el pasado.

Lo cierto es que, durante gran parte de la historia de México, predominó una visión desarrollista que buscaba el crecimiento económico a toda costa, sin tomar en cuenta la voz ni los derechos de los pueblos originarios. Se les veía como obstáculos para el «progreso» y se les relegaba de las decisiones sobre sus propios territorios, saberes y modos de vida. Esta mirada centralista y excluyente produjo despojo, marginación y la negación de su papel fundamental en la historia y la identidad nacional.

Como advertía Guillermo Bonfil Batalla, el «México profundo» fue ignorado para imponer un proyecto ajeno a sus raíces y a su riqueza cultural.

Hoy esa visión ha quedado en el pasado. El reconocimiento del saber ancestral, de la riqueza cultural y de la capacidad de los pueblos originarios para decidir sobre su propio entorno representa un cambio profundo en la manera de concebir la justicia y el desarrollo. Reconocerlos como verdaderos sujetos de derechos implica valorar sus aportes, respetar su autonomía y garantizar que su voz sea parte esencial de la construcción del presente y el futuro del país. Como decía Bonfil, se trata de abrir camino a un «México imaginado» que no niegue al profundo, sino que lo reconozca como la base viva de nuestra nación.

El Tren Maya y el Tren Interoceánico encarnan esa visión: desarrollo sustentable con justicia, reconocimiento de los pueblos originarios y soberanía nacional. Al terminar la reunión, nos dirigimos a la refinería Olmeca, en Dos Bocas, Paraíso, Tabasco.

Sábado 3 de agosto. Refinería Olmeca

Este es uno de los proyectos estratégicos e icónicos del presidente López Obrador. En el lugar nos esperaban Rocío Nahle, quien era secretaria de Energía, y Octavio Romero, director de Pemex. El recorrido fue impactante. Durante todo el periodo neoliberal ocurrió una trágica ironía: México, siendo un país petrolero, se convirtió en el mayor importador de gasolina. Esto fue el resultado de una idea absolutamente equivocada —que el mercado era el mejor distribuidor de la riqueza—, acompañada de negocios sucios que operaron a costa de la destrucción de la empresa nacional, para beneficio de unos cuantos.

Me han preguntado cómo es que apoyo la construcción de la refinería y al mismo tiempo hablo de combatir el cambio climático. Durante mi trabajo como académica, al frente del grupo de energía y medio ambiente en el Instituto de Ingeniería de la UNAM, siempre sostuve que la política energética debía basarse en cuatro principios:

1. Soberanía energética: dejar de depender del exterior y producir en México la mayor parte de lo que consumimos.
2. Reducción de la intensidad energética: producir de forma más eficiente, para que la cantidad de energía por unidad de producto interno bruto sea cada vez menor.
3. Justicia energética: garantizar que todas y todos los mexicanos tengan acceso suficiente y equitativo a la energía.
4. Disminución de los impactos ambientales.

Durante todo el periodo neoliberal se actuó en contraposición a estos principios. La reforma energética de Peña Nieto planteaba como objetivo producir tres millones de barriles de petróleo diarios. Nuestro objetivo es más racional: 1.8 millones, enfocados en abastecer a la producción nacional. Por su parte, lo adicional deberá venir de fuentes renovables y del uso eficiente de energía.

Salimos de la refinería con destino a Coatzacoalcos, Veracruz.

Domingo 4 de agosto. Coatzacoalcos, Veracruz

Salimos temprano para inaugurar la ampliación de la carretera Acayucan-La Ventosa. Nos reunimos con Rocío Nahle y con Cuitláhuac García, gobernador de Veracruz. El discurso de AMLO en el evento fue muy emotivo. «Se puede llevar a cabo la modernidad, desde abajo y para todos», dijo. Antes había gobiernos que quitaban; ahora es distinto: tenemos un gobierno que da, que entrega dignidad, uno que siempre está pensando en el pueblo.

En cada acto, se fue despidiendo del pueblo poco a poco, convenciéndose a sí mismo —y también a quienes nos toca dar continuidad a la transformación— de que dejaba la vida pública. Cada vez que lo decía, durante toda la gira, se formaba en la garganta un nudo de nostalgia. Pero en sus intervenciones, él repetía con serenidad: «Me voy muy contento», y luego pasaba a la risa al decir que ya le tocaba descansar, que se había «aflojado en terracería».

Al terminar el evento de Coatzacoalcos, nos dirigimos a inaugurar la carretera Minatitlán-Hidalgotitlán. Sus discursos se viven, se celebran. Habló de frente sobre la corrupción que caracterizó a los gobiernos del PRIAN y cómo la Cuarta Transformación ha marcado el rumbo para erradicar los privilegios y desterrar la corrupción.

Debo decir también que la manera en que se refirió a mí fue tan emotiva que aún me provoca lágrimas al escribir estas líneas. Terminó así una gira profundamente entrañable, emotiva, cargada de afecto y compromiso. Regresamos ya tarde a la Ciudad de México, con el corazón lleno y la convicción renovada.

Viernes 9 al domingo 11 de agosto. Chihuahua, Los Cabos y Tepic

El 8 de agosto, la Sala Superior del Tribunal Electoral del Poder Judicial de la Federación reconoció oficialmente nuestro triunfo por la Presidencia de la República con el 59.75% de los votos totales; Xóchitl Gálvez alcanzó solo el 27.45% y Jorge Álvarez Máynez, el 10.32%. Fueron 35 924 519 votos de mexicanas y mexicanos los que nos dieron su confianza en las urnas.

Como he dicho antes, dos hechos históricos marcaron el 1.° de junio de 2024: el pueblo de México ratificó la continuidad y el avance de la transformación profunda de nuestra patria por la vía pacífica, y decidió que, por primera vez, una mujer encabezara el Gobierno de la República. El privilegio de servir al pueblo es lo más hermoso que puede haber. La responsabilidad es inmensa; la entrega, total. Nada podrá interponerse en la transformación ni en el derecho de las mujeres a una vida justa. Me van la vida y mi historia en ello.

Salimos temprano en vuelo comercial a Ciudad Juárez, Chihuahua, para visitar el hospital del IMSS. Nuevamente, fue conmovedor el recibimiento en el aeropuerto. En este estado gobernado por el PAN, obtuvimos el 53.8% de los votos frente al 34% de la candidata del PRIAN, además de las dos senadurías y cinco de nueve diputaciones federales.

Nos reunimos con el presidente AMLO y conversamos sobre la importancia de su mañanera. Luisa María Alcalde y María Luisa Albores abordaron el desastre ecológico provocado por Grupo México en el río Sonora y cómo, durante años, los gobiernos anteriores protegieron a la empresa por encima de las comunidades y de la restauración ambiental.

El presidente me recomendó no soltar esos temas, estar atenta a las comunidades y dar seguimiento al Plan de Justicia de Cananea. Han sido años de abuso, me dijo, es tiempo de consolidar lo logrado y seguir avanzando.

Llegamos al hospital del IMSS en Ciudad Juárez, un ejemplo más de la gran mayoría de los llamados contratos público-privados del modelo neoliberal que no fueron otra cosa que corrupción institucionalizada. Esa forma de contratación fue cancelada, y el IMSS retomó la obra de manera directa. AMLO deseaba inaugurarla; recordamos que su construcción estuvo detenida por al menos siete años. La apertura ocurrió finalmente en diciembre: un acto de justicia para una ciudad que había esperado demasiado.

Ahí tuvimos una reunión con el equipo del IMSS. Zoé Robledo presentó, con detalle, los avances del sexenio. Coincidimos en que es indispensable seguir fortaleciendo al sistema de salud pública: personal médico suficiente, instalaciones equipadas, y atención digna y eficaz al servicio de la población.

Es impresionante lo que se ha logrado hasta la fecha, sobre todo al considerar los dos años de pandemia que, además de sus desafíos sanitarios, pusieron a prueba la capacidad del sistema de salud y lo tensionaron al límite. Pero más allá de los efectos de la emergencia, no podemos omitir la batalla férrea contra la corrupción, tanto en la privatización de los servicios como en el control del mercado de medicamentos por parte de monopolios que lucraron con la salud de México a costa de la salud de las y los mexicanos.

Una de esas empresas fue la farmacéutica Maypo, cuyos propietarios son familiares de Roberto Madrazo, exgobernador de Tabasco, quien llegó al cargo tras un cuestionado proceso electoral contra el entonces dirigente Andrés Manuel López Obrador. Madrazo, conocido por diversos escándalos —incluido un episodio de fraude en un maratón—, representa una forma de hacer política alejada de los principios democráticos. Hoy ese mismo grupo es propietario del canal Latinus, que ha dedicado sus esfuerzos a atacar, con infundios y desinformación, el proceso de transformación que vive el país.

De Ciudad Juárez, heroica por ser el lugar donde se refugió Benito Juárez frente a la intervención francesa, volé de regreso hacia la Ciudad de México. Ahí esperé algunas horas en el aeropuerto para tomar un vuelo comercial hacia Los Cabos, donde descansamos.

Sábado 10 de agosto. Los Cabos, Baja California Sur, y Culiacán

El presidente y yo desayunamos juntos y nos dirigimos a la inauguración del hospital del ISSSTE. Ahí nos encontramos con Víctor Castro, un hombre bueno, transparente, luchador social desde siempre, de convicciones profundas. Al tomar la palabra, no pudo contener las lágrimas al referirse al último evento de AMLO en Baja California Sur. Han sido muchos años de lucha y, sobre todo, un gran afecto hacia un hombre honesto, recto, con pensamiento y acción consecuentes. AMLO y yo nos levantamos para acompañarlo al micrófono. Nos abrazamos los tres. Vivimos momentos extraordinarios. No defraudar, no defraudar, no defraudar: esa es la responsabilidad infinita.

Rosa Icela Rodríguez habló sobre el rescate del ISSSTE; después tomé la palabra y finalmente lo hizo Andrés Manuel. Habló de Miguel Hidalgo, el primer héroe de la Independencia, el Padre de la Patria, a quien durante los gobiernos de Fox y de Calderón pretendieron convertir en villano. Hidalgo, con un profundo amor al pueblo, proclamó un 16 de septiembre la independencia. Según Pedro García, sus palabras fueron:

> Compatriotas, no existen ya para nosotros ni el rey ni los tributos, esta gabela vergonzosa que solo conviene a los esclavos. La hemos llevado hace tres siglos como signo de la tiranía y de la servidumbre. Ha sonado la hora de nuestra libertad. Defendedla de los tiranos, marchad a la cabeza de los hombres que se precien de ser libres; sin patria ni libertad no podemos alcanzar la felicidad.

AMLO destacó que Hidalgo fue el primero en abolir la esclavitud en todo el continente americano y por ello las autoridades virreinales fueron particularmente crueles con él al momento de fusilarlo. Durante su juicio, denunció abiertamente que para los oligarcas de entonces su único dios era el dinero, y en escarmiento, su cabeza fue expuesta durante 10 años en la plaza principal de Guanajuato.

La consumación de la Independencia ocurrió en 1821, 11 años después del inicio del movimiento, cuando Iturbide entró a la Ciudad de México y, tiempo después, se proclamó emperador. Sin embargo, lo que permanece en la memoria colectiva del pueblo mexicano no es esa fecha, sino la del Grito de Independencia.

En ese mismo discurso, AMLO recordó que, al menos durante la Colonia y en 200 años de Independencia, México no había sido gobernado por una mujer… hasta ahora. Hoy esa deuda histórica comienza a saldarse con dignidad, justicia y democracia.

De ahí me trasladé en avión comercial a Sinaloa, donde me encontré con AMLO y el gobernador Rubén Rocha. Llegamos con un ligero retraso, ya que el avión tuvo que interrumpir el primer intento de aterrizaje debido a una bolsa de aire. En el segundo intento, aterrizamos sin contratiempos.

Ese mismo día salió una carta dada a conocer por los abogados de «el Mayo» Zambada, líder del Cártel del Pacífico, quien había sido trasladado recientemente a Estados Unidos en una operación que nunca fue aclarada por las autoridades de ese país.

Durante el mitin, el gobernador Rocha desmintió lo señalado en dicha carta sobre su supuesta presencia en una reunión, aclarando que ese día se encontraba en Estados Unidos y no tenía conocimiento de los hechos mencionados. El presidente López Obrador y yo reconocimos que el gobernador saliera a explicar públicamente la situación y diera la cara con responsabilidad.

El presidente expresó con respeto y de forma magistral que el principal problema que tienen nuestros vecinos del norte es el consumo de drogas, derivado en gran parte de la desintegración familiar.

> No hay casualidad, ayer pedíamos información; a mediodía el embajador dio una versión. Están molestos los conservadores de adentro y algunos que estaban malacostumbrados a sentirse los dueños del mundo. Hay tentación de querer mandar en todas partes, meter las narices. Pues nada más recordar que México es un país independiente, libre y soberano; aquí mandamos los mexicanos.
>
> A lo mejor antes, cuando había gobernantes sin autoridad moral que establecían relaciones de complicidad con la delincuencia, entonces sí podían poner en el banquillo de los acusados a los presidentes, pero nosotros tenemos autoridad moral y política.

Y así es. Nunca podrán vincular a AMLO con la corrupción.

Lo mismo ocurre en mi caso. La autoridad moral no se compra en ninguna esquina ni con todo el dinero del mundo. Se construye con la convicción de luchar todos los días por un México con justicia, democracia y libertad; con honestidad y honradez. Es una fuerza silenciosa, pero inquebrantable, que se sostiene en el compromiso de no fallarle jamás al pueblo.

Otra de nuestras mayores responsabilidades es mostrar a niñas, niños y jóvenes que tender la mano al más débil, como forma de vida, siempre será un camino más digno y trascendente que el de aplastar al otro. Que la acumulación de riquezas a costa de los demás no lleva a una vida verdaderamente plena y feliz, y que solo la construcción de una sociedad más justa garantiza que nadie se quede atrás.

También tenemos el deber de decirles a las niñas y a las jóvenes que no están destinadas a un rol en la sociedad marcado por prejuicios y violencias. Que una sociedad más justa se construye reconociendo y fortaleciendo sus derechos, para que puedan crecer, decidir y alcanzar sus sueños con plena libertad y autonomía.

No son la corrupción, la triquiñuela, el odio, el clasismo y el racismo lo que nos convierte en mejores personas. No basta con la tolerancia: es imprescindible reconocer que la profundización de las desigualdades conduce inevitablemente a la violencia. La paz duradera solo se construye ampliando derechos. No se trata de mi educación, sino del derecho a la educación de todos y todas a acceder a ella. No es mi salud como privilegio individual, sino la salud como derecho universal. No es la cultura una ventaja reservada para unos cuantos, sino el acceso a la cultura y la educación artística como un derecho colectivo. No es decir «rompí el techo de cristal porque soy una mujer que luchó para salir adelante», sino afirmar que las mujeres tienen el derecho humano irrenunciable a alcanzar la igualdad sustantiva. A quienes gobernamos no se nos debe olvidar jamás que ser servidor público significa servir con honestidad, humildad y responsabilidad al pueblo.

Subí a la camioneta y nos trasladamos juntos a Tepic, Nayarit. En el trayecto, hablamos mucho sobre la historia de la relación entre México y Estados Unidos. López Obrador conoce como pocos la historia de nuestra nación. Me habló de la revolución de Independencia; de la invasión estadounidense a mediados del siglo XIX que despojó a México de más de la mitad de su territorio; del golpe de Estado contra Madero y Pino Suárez, auspiciado por el entonces embajador de Estados Unidos, Henry Lane Wilson; así como de la invasión en 1914. Pero evocó también los vínculos de respeto entre Benito Juárez y Abraham Lincoln, y entre Lázaro Cárdenas y Franklin Roosevelt. Compartió conmigo su visión crítica del entreguismo que caracterizó a muchos gobiernos del periodo neoliberal y recordó cómo, al llegar a la Presidencia, estableció límites claros a la presencia de agentes del Gobierno estadunidense en nuestro país, reafirmando nuestra soberanía.

Hablamos también de su relación con los presidentes Trump y Joe Biden. Me dijo que confiaba en que me iría bien con quien resultara electo y que siempre tuviera en mente la fortaleza de México. «Te conozco —me dijo—, y sé que jamás vas a agachar la cabeza».

Hoy, al frente del país, lo hemos demostrado: con firmeza, dignidad y sin subordinaciones, a México se le respeta.

Domingo 11 de agosto. Tepic, Nayarit

Nos dirigimos a la revisión de los proyectos de infraestructura en esta entidad. Nos recibió el gobernador, el doctor Miguel Ángel Navarro, compañero de nuestro movimiento y un hombre comprometido con el bienestar de su pueblo. Durante el sexenio de López Obrador se realizaron importantes obras en esa entidad: distritos de riego, carreteras y la Ciudad de las Artes Indígenas, un espacio para honrar la grandeza cultural de los pueblos originarios.

«Los pueblos originarios de Nayarit —dijo Navarro en su intervención— son la verdad más íntima de la entidad y de México».

Le tengo un afecto especial a este estado. Admiro a Esteban Baca Calderón, quien, como dirigente magonista, encabezó la huelga de los trabajadores mineros en 1906 y pasó cinco años en la prisión en San Juan de Ulúa. También guardo respeto por la memoria de Alejandro Gascón Mercado. El distrito de riego justo lleva su nombre como un homenaje a su legado.

Tras su fallecimiento en 2005, Martí Batres escribió en *La Jornada* un perfil que recoge la esencia de su vida:

> Hombre del campo, inició su lucha política en el Partido Popular, luego Partido Popular Socialista (PPS). Fue secretario particular de Vicente Lombardo Toledano. Dentro del PPS se caracterizó por su arraigo, por su comunicación directa con la gente y por la relación que mantuvo con su pueblo en su quehacer político. No fue un dirigente que se perdiera en los laberintos burocráticos; su cercanía con el pueblo lo llevó a ser presidente municipal de Tepic, Nayarit, a principios de los años setenta. Eran conocidas, famosas, las asambleas que realizaba en la plaza de Tepic y la concurrencia de la gente.
>
> En una época en la que predominaba en todas las esferas el partido de Estado, el PRI, se abrió paso con su esfuerzo y su fuerza abriendo un resquicio de izquierda en la gestión pública. Ganó con los votos los espacios que ejerció... Pasó los últimos años de su vida como un hombre sencillo que nunca se enriqueció al amparo del poder público y que, a su manera, buscó ser fiel a sus ideales.

Durante el acto en la plaza de Tepic, refiriéndose a mí, AMLO dijo: «Ya me está retando, porque dice que nosotros construimos más de 1 500 kilómetros de tren. Ella quiere construir 3 000 kilómetros. Ya saben que en el periodo neoliberal vendieron los ferrocarriles de pasajeros y nada más quedaron los de carga. Dice que me va a *cepillar* y sí lo creo. Ella tira una *recta* de más de 100 millas y una *moña*».

Todos rieron. Me sentí halagada y, hasta cierto punto, abrumada. No estoy acostumbrada a ese tipo de reconocimientos. No es falsa modestia, es sencillamente la verdad.

Terminó el acto y nos dirigimos al aeropuerto. El camino continúa.

Jueves 15 de agosto. Constancia de mayoría del TEPJF

El 15 de agosto, la Sala Superior del Tribunal Electoral del Poder Judicial de la Federación me entregó la constancia de mayoría como presidenta electa de México. Con ese acto, no solo se formalizó el resultado electoral, sino que se selló un mandato histórico: por primera vez en más de 200 años, México eligió a una mujer para encabezar los destinos de la nación.

En el discurso que pronuncié ese día, hablé sobre lo que considero que es la democracia y lo que representan las libertades. Hoy esos principios intentan ser apropiados por sectores de la derecha, cuya tradición política se ha sostenido históricamente en el autoritarismo. Después, realizamos un acto pequeño y simbólico en el Teatro Metropólitan, en la Ciudad de México. Fue un momento significativo, compartido con quienes han acompañado este movimiento desde sus inicios.

A continuación, transcribo fragmentos del primer discurso:

Magistrados y magistradas del Tribunal Electoral del Poder Judicial de la Federación
Ministros y ministras de la Suprema Corte de Justicia de la Nación
Compañeros y compañeras
Amigos y amigas:

El 2 de junio de 2024 el pueblo de México ejerció uno de los derechos fundamentales establecido en el artículo 35 de nuestra Constitución: votar y ser votado o votada. Fue una jornada participativa, democrática, pacífica, ordenada y libre. Esa noche se dio a conocer el resultado preliminar de la elección y, el domingo siguiente, el Instituto Nacional Electoral informó el resultado de los cómputos distritales. Después del análisis de las diversas impugnaciones, como determina la norma electoral en nuestro país, el TEPJF resolvió la validez del resultado de la elección a la Presidencia de la República:

nuestro movimiento obtuvo 35 924 519 votos, lo que representa 59.76% del total de la votación; 32 puntos por encima del segundo lugar. Un hecho inédito e histórico.

Reconozco a las y los magistrados su respeto por la voluntad popular y su ejercicio democrático. Debemos sentirnos orgullosas y orgullosos porque el pueblo de México mostró su conciencia cívica, su vocación democrática, su sentido republicano, pero también el reconocimiento colectivo de su fuerza y de su historia expresada con claridad y contundencia el día de la jornada electoral.

Es la primera vez en 200 años de la República que recibe el reconocimiento de presidenta electa una mujer. Como le he dicho, no lo asumo solo como un triunfo individual o como el esfuerzo personal. El día de hoy, marcado ya en la historia de México, llegamos todas; las mujeres heroínas de nuestra patria, las visibles, pero también las millones de mujeres invisibles de generaciones y generaciones, que han hecho posible que consigamos este reconocimiento.

Llego nutrida y llena de la fuerza que proviene de nuestras ancestras, nuestras abuelas, nuestras madres, pero también con la de nuestras hijas y nuestras nietas. Hoy llegamos todas, y con ello me comprometo a luchar para seguir construyendo igualdad y libertad para todas las mujeres mexicanas, en especial, para las más vulnerables. [...]

Dicho de otra forma, la mayoría de la ciudadanía no quiere que regresen los gobiernos al servicio de unos cuantos, o la prepotencia, o el influyentismo; no quiere que regresen ni la corrupción ni los privilegios. Ese es su mandato y nos corresponde seguir haciéndolo realidad.

Es decir, el mandato es claro: continuar y avanzar con la Cuarta Transformación de la vida pública, la que inició en 2018 con el presidente Andrés Manuel López Obrador y como lo ofrecí y manifesté durante el proceso electoral; eso significa seguir construyendo un México libre, de bienestar y derechos, en paz, fraterno, independiente, soberano, democrático y justo.

Un México libre. Concibo que la libertad con la que votaron y por la que votaron las y los mexicanos es la que significa un gobierno que no reprime y que respeta la libertad de expresión, de reunión, de prensa, de movilización. Ahora, contrario a quienes piensan que la libertad solo está en el mercado, pienso que la libertad por la que votó la mayoría de las y los mexicanos es la que puede ejercerse a plenitud en un régimen democrático y basada en los derechos de las personas.

No hay libertad plena cuando no hay bienestar y derechos. Es decir, es falsa la libertad del que debe cruzar kilómetros para migrar por pobreza. También es falsa la libertad del poder de compra con un salario de hambre o la libertad de acabar con el planeta. Esa es una falsa libertad. La libertad puede ejercerse a plenitud en un régimen democrático y donde los mexicanos y mexicanas puedan vivir con bienestar, con derechos.

Un México de bienestar y derechos. La Cuarta Transformación por la que votaron mayoritariamente las y los mexicanos es la que concibe como derechos y no como privilegios la educación, el acceso a la salud, la alimentación saludable, la vivienda digna, el salario justo, la pensión suficiente; es decir, eligieron un Estado de bienestar desde la cuna hasta la tumba. El pueblo decidió que continúe la economía moral y no regrese el sistema neoliberal. [...]

Un México fraterno. Estoy convencida de que, si algo avaló con su voluntad la mayoría de las y los mexicanos, es que no queremos que nadie sea discriminado, que nunca más se trate al pueblo de México con desprecio, con clasismo, con racismo o a las mujeres con machismo. Que nuestras raíces y nuestro destino están en la fraternidad, en el humanismo, en ser tratados siempre como iguales. [...]

Como titular del Ejecutivo federal, como primera mujer presidenta de México, sepan que actuaré con honestidad, responsabilidad, respetando la independencia de los poderes; gobernaré para todas y todos los mexicanos y tengan la certeza de que nos sentiremos todas y todos cada día más orgullosos de nuestro origen, y también de nuestro porvenir.

Nadie debe temer a nada, somos un país y un pueblo extraordinario, único, maravilloso. Estaremos a la altura de las circunstancias y de nuestro hermoso pueblo. Hago el compromiso de no defraudar y de poner todo mi empeño, mi conocimiento, mi corazón, mi esfuerzo, mi voluntad y hasta mi vida para servir a mi patria y a mi pueblo.

¡Que viva México!

Así comenzó una nueva etapa para mí y una nueva página en la historia de México: escrita con dignidad, esperanza y compromiso con el pueblo.

Viernes 16 al domingo 18 de agosto. Manzanillo, Morelia, Jalisco y Nuevo León

Ya como presidenta electa, viajé por primera vez con López Obrador en el avión de la Fuerza Aérea. Nunca antes había viajado en un avión tan pequeño. En esta ocasión nos acompañan Beatriz y Jesús Ernesto. Era el último viaje en el que lo acompañaban como presidente.

Unos días antes, Beatriz presentó su libro *Feminismo silencioso,* un texto que nos confronta ante una realidad difícil: muchas mujeres resistimos y luchamos en silencio. Es una llamada firme a reconocer la dignidad de quienes, sin aplausos, construyen sin descanso. También reflexiona sobre las redes sociales y de dónde vienen los ataques.

Conocí a Beatriz antes de que fuera esposa o incluso compañera de AMLO. Es una mujer extraordinaria, profundamente culta y brillante. Desde el inicio, dejó claro que no asumiría el título de primera dama porque cree —con razón— que en una democracia no hay mujeres de primera ni de segunda. Aunque formalmente no se ha dedicado a la política, su cercanía con el presidente y su compromiso con el país le permitieron construir una posición política clara, firme y contundente.

Desempeñó tareas muy especiales en la lucha por la transformación del país. Y, a pesar de las críticas inmundas y despiadadas dirigidas hacia ella y su hijo —infamias carentes de escrúpulos y llenas de un odio indescriptible—, ha mantenido siempre una actitud alegre, íntegra y firme.

Cuando toma la palabra en un auditorio, llena el espacio con su elocuencia y presencia. Elabora y resuelve como pocos las oraciones con maestría, como suele hacerlo alguien que conoce la lengua y la historia.

Jesús Ernesto es un joven inteligente, divertido. Ha sabido salir adelante con entereza en medio de una circunstancia compleja. La relación del presidente con su hijo es amorosa, cálida y cercana. Y con su esposa, no se diga. Emiten una complicidad y un afecto que se percibe cuando están juntos. Es algo entrañable. Me siento afortunada de que me permitieran estar cerca de la familia en esos últimos días del mandato de AMLO.

Llegamos a Manzanillo y nos recibió Indira Vizcaíno, gobernadora de Colima. Es una mujer joven, sencilla, fuerte, feminista y una excelente oradora. Le ha tocado enfrentar una situación difícil debido a los altos niveles de violencia que se desataron en su estado al inicio de su administración. Siento por ella una afinidad profunda, casi maternal. Desde que decidí participar en la encuesta de nuestro movimiento, me dio palabras de aliento que atesoro. Es una mujer a la que admiro y reconozco por su calidad humana, valentía y compromiso con su pueblo.

Visitamos el puerto de Manzanillo. Vale la pena recordar que la administración de los puertos fue la primera tarea de Rosa Icela Rodríguez en el gobierno de AMLO. Antes de ello se desempeñó como secretaria de Gobierno durante mi gestión en la Ciudad de México. Rosa Icela es, sin duda, la mejor política que conozco. Respira, piensa y traduce la política como muy poca gente lo hace. Es, además, una mujer honesta, con método y valentía. Una mujer extraordinaria.

A ella le correspondió la tarea nada sencilla de limpiar las llamadas Administraciones Portuarias Integrales y devolver su manejo, como originalmente fue concebido, a la Secretaría de Marina. Manzanillo es hoy el puerto más importante de entrada de contenedores de México. La Marina ha retomado el control y ha mejorado su operación para evitar la entrada de mercancía ilegal y se ha incrementado la recaudación sin espacio a la corrupción. Junto al secretario de Marina y el responsable del puerto, conocimos de primera mano los avances. La transformación también navega por nuestros mares.

Después nos dirigimos a la asamblea para inaugurar el acueducto Armería-Manzanillo, una obra construida por la Secretaría de Marina. Durante el acto, Indira habló desde lo más hondo de los sacrificios personales cuando uno dedica la vida a la transformación. Dirigiéndose a Beatriz, dijo con firmeza y sensibilidad:

> Tú sabes bien de ese sacrificio. Nuestros hijos nos prestan el tiempo que le dedicamos al prójimo, que antes era olvidado y hoy es escuchado y atendido. Jesús Ernesto, visto desde un punto de vista personal, has permitido que el tiempo que podría habértelo dedicado tu padre, se lo haya dedicado a la transformación. Sin reflectores, sin protagonismos, sabemos lo fundamental que ha sido tu rol para este proyecto, así que gracias a ti también por ello.

Esas palabras calaron más hondo en las mujeres, tanto ese día como ahora que lo escribo. Porque muchas sabemos lo que implica tomar decisiones difíciles sin dejar de cuidar y sostener. Es inevitable que, en algún momento, quienes hemos tenido el privilegio o la necesidad de trabajar fuera de casa, sintamos algo de dolor por dejar a nuestros hijos en determinados momentos. Es mi caso. Mariana y Rodrigo también han sacrificado su tiempo para que yo pueda dedicar el mío al servicio de los demás. Vivieron momentos muy difíciles, pero aquí estamos, siempre cerca en el corazón y atentos al momento en que más nos necesitamos. La política solo tiene sentido cuando se vive así: con convicción. De otro modo, no tiene valor lo que hacemos. Desde este espacio, les doy las gracias por tanto. Los amo, hijos.

Terminó la asamblea y nos dirigimos de regreso al aeropuerto para volar a Morelia, Michoacán. Allá nos recibió el gobernador Alfredo Ramírez Bedolla, militante desde joven de nuestro movimiento. En la capital michoacana participamos en la reunión de evaluación del Gabinete de Seguridad. Intervinieron la secretaria Rosa Icela Rodríguez; el general secretario, Luis Cresencio Sandoval; y el almirante secretario, José Rafael Ojeda.

La estrategia de seguridad del presidente AMLO es un tema fundamental. Los adversarios se incomodan y enojan cuando señalamos la fallida guerra contra el narcotráfico emprendida por Calderón y su coordinador, García Luna, hoy preso en Estados Unidos por vínculos con el narcotráfico. Peña Nieto continuó por la misma vía: una estrategia basada en la acción extrajudicial, es decir, al margen de la ley, que ordenaba la muerte de presuntos delincuentes sin llevarlos a juicio. Eso siempre termina mal. Además, durante esos gobiernos se permitió que las agencias estadounidenses operaran en México sin restricciones. Como lo he dicho antes, con Estados Unidos nos coordinamos y colaboramos, pero no nos subordinamos. Primero están el pueblo y la soberanía de la nación.

La guerra significa dar permiso para matar. Nosotros no creemos que las ejecuciones extrajudiciales sean la solución. Todo debe estar enmarcado en la Constitución y la ley. Como decía Juárez: «Al margen de la ley, nada; por encima de la ley, nadie».

Por eso, el primer paso fue establecer un marco jurídico para la participación del Ejército y la Marina, así como desarrollar una nueva fuerza nacional que sustituyera a la Policía Federal de García Luna, corrompida hasta el fondo y carente de valores, disciplina y estructura profesional.

Tras la aprobación de las reformas constitucionales, comenzó la conformación de la Guardia Nacional como un cuerpo disciplinado, con principios, formación, cuarteles y equipamiento. Al principio no fue sencillo, pues muchos elementos de la Policía Federal, más por consigna que por convicción, protestaron ante la idea de integrarse a la Guardia

Nacional. Pero el camino de la transformación no se detiene ante la resistencia del pasado.

Asimismo, el presidente tomó una decisión estratégica: enfrentar las causas profundas de la violencia, sin descuidar la consolidación territorial de las fuerzas federales ni las acciones de inteligencia. Los primeros dos años fueron difíciles: el esfuerzo permitió apenas contener el número de homicidios. Pero en los años siguientes comenzaron a reflejarse resultados tangibles en la disminución de delitos. De 2018 a 2024, se redujeron casi 18% los homicidios dolosos y 49% el robo de vehículos. También disminuyeron los índices de secuestros, feminicidios y robos a casa habitación.

Lo más relevante es que nunca hubo colusión con la delincuencia organizada. Los adversarios, muchos de ellos ligados a grupos internacionales de derecha, lanzaron una campaña en la red X (antes Twitter) llamando a AMLO «narcopresidente», y a mí, «narcocandidata». Una acusación tan infundada como inútil. También intentaron tergiversar la frase «Abrazos, no balazos», sugiriendo falsamente la existencia de acuerdos con grupos criminales. Pero el mensaje era otro: abrazar al pueblo, especialmente a las y los jóvenes y a quienes tanto han sufrido los efectos del abandono y del despojo neoliberal.

Como bien dijo Rosa Icela, la idea de «abrazos, no balazos» no significa que estemos cruzados de brazos. Aun así, en el gobierno que encabezaré, el objetivo será fortalecer la inteligencia y la investigación, sin dejar de atender las causas estructurales, para garantizar que la violencia y la impunidad sigan disminuyendo. La paz verdadera no se impone con miedo, se construye con justicia.

Terminó la reunión de seguridad y nos dirigimos al aeropuerto con destino a Guadalajara, Jalisco.

Sábado 17 de agosto. Jalisco

Desayuné con la familia de AMLO. Les platiqué algo de mi historia familiar. Compartimos anécdotas y les hablé por primera vez de algunos pasajes personales. Aunque siempre fui parte del movimiento de transformación, no había tenido la oportunidad de hablar de mi historia familiar. Les conté, por ejemplo, que mi abuelo paterno participó en el movimiento ferrocarrilero y de lo mucho que me enorgullecía tener antepasados que también defendieron causas justas. De alguna forma, eso también nos unía.

Partimos rumbo a la presa El Zapotillo, donde nos recibió el gobernador Enrique Alfaro.

En Jalisco, un estado gobernado actualmente por Movimiento Ciudadano, obtuvimos el 44% de los votos en la elección federal. La candidata del PRIAN alcanzó el 35.7%, y el candidato de MC, el 17.3%. Ganamos 14 de los 20 distritos electorales y las dos senadurías. La elección a la gubernatura fue impugnada por nuestro partido debido a las múltiples irregularidades detectadas durante el proceso.

La historia de la presa El Zapotillo refleja una forma distinta de gobernar, alejada del autoritarismo del pasado. Primero, el presidente tomó la decisión de ajustar el proyecto original para evitar la inundación de los poblados aledaños: se modificó la cortina de la presa y se abrieron ventanas que permitieran proteger a las comunidades.

Desde el inicio, los cambios técnicos fueron acordados con las comunidades. No fue sino hasta que ellos estuvieron de acuerdo que se retomó la construcción, que llevaba años abandonada. Además, se implementó un plan de justicia que llevó obras de infraestructura y Programas para el Bienestar para todos los pueblos de la región. Así fue como se logró concluir la obra que hoy abastece de agua a la zona metropolitana de Guadalajara y a las comunidades circundantes. Eso es a lo que llamamos «desarrollo sustentable con justicia». El agua llegó sin que el pueblo tuviera que irse.

El paisaje del lugar es imponente: miles de litros de agua contenidos frente a mí esperando a servir a toda una comunidad. Al concluir la visita a la presa, nos trasladamos a Temacapulín, donde se presentó el Plan de Justicia para los pueblos que rodean la presa. El compromiso con los pueblos se traducía, por fin, en acciones concretas.

En 2021, durante una de las reuniones para avanzar en el Plan de Justicia de los pueblos de Temacapulín, Acasico y Palmarejo, las comunidades respectivas enviaron al presidente una carta para reportar los avances logrados hasta ese momento.

La carta comenzaba así:

Hoy queda demostrado que la unión, la organización, la perseverancia, la lucha, la resistencia y la dignidad que hemos mantenido por 16 años los pueblos campesinos que habitamos en esta región de Los Altos de Jalisco es semilla, la hemos sembrado, ha florecido y está dando frutos.

Celebramos la victoria de la existencia y permanencia de nuestro territorio, por el que hemos luchado incansablemente con costos dolorosos, con pérdidas irreparables, corrupción, irregularidades y graves violaciones a los derechos humanos. Es resultado de nuestra lucha, de nuestro esfuerzo colectivo, de nuestra esperanza en otros mundos posibles.

Aclaramos que no es resultado de partidos políticos, ni de gobernantes en turno. Reconocemos y agradecemos a quienes nos han acompañado a lo largo de estos 16 años de lucha y nos han animado, nos han sostenido y caminan con nosotros por la justicia y la defensa de nuestro territorio. La lista es muy larga, pero queremos hacer una mención especial al Instituto Mexicano Para el Desarrollo Comunitario (IMDEC), al Colectivo de Abogadxs y al Movimiento Mexicano de Afectadxs por las Presas y en Defensa de los Ríos (MAPDER). Reconocemos y saludamos al Relator Especial del Derecho Humano al Agua y Saneamiento de la ONU, doctor Pedro Agudo. A la Oficina para México de la Oficina del Alto Comisionado (OACNUDH) y a la Comisión de Derechos Humanos de Jalisco (CEDHJ).

Hoy demostramos también que es posible que la voluntad política y la sensibilidad por la gente de abajo y sencilla de un gobernante transforme y empuje a su gabinete y a toda la maquinaria gubernamental hacia procesos de justicia y bienestar, tan necesarios y urgentes en nuestro Estado y país.

Gracias, señor presidente, y a todo su gabinete por estar presentes en nuestra comunidad. En este día queremos sentar las bases pueblos y Gobierno sobre el Plan de Justicia para la reparación integral de los daños, ocasionados por el megaproyecto El Zapotillo en Temacapulín, Acasico y Palmarejo. Desde las comunidades, nuestro Plan de Justicia está en construcción y su desarrollo es un proceso que debe realizarse de abajo hacia arriba, es decir, comunidades y Gobierno.

En el acto, se reportaron los avances de la obra y me comprometí a darle continuidad. Aquí se vibra el proyecto de transformación y la frase juarista «Con el pueblo, todo; sin el pueblo, nada».

Tomamos el vuelo rumbo a Monterrey, Nuevo León. De camino al aeropuerto, recibí una llamada previamente programada con el presidente de España. Durante la conversación me insistió en que invitara al rey a mi toma de posesión. Le respondí que no era el momento adecuado, que él conocía bien mi posición. Nos despedimos con respeto. Algún día, cuando concluya mi mandato, podré contar más al respecto.

Domingo 18 de agosto. Monterrey, Nuevo León

Beatriz regresó temprano a la Ciudad de México en un vuelo comercial, así que desayunamos nuevamente con Daniel y Juan Pablo.

Nos dirigimos al acto en Monterrey. En el templete estaba el gobernador Samuel García y los empresarios Daniel Chávez y Francisco González. El tema fue la evaluación del programa Jóvenes Construyendo el Futuro, coordinado por el secretario del Trabajo, Marath Bolaños.

Como es sabido, el Gobierno federal paga el salario mínimo a jóvenes en su primer año de empleo, mientras las empresas privadas participantes se comprometen a contratarlos posteriormente. A lo largo del sexenio de López Obrador, este programa de bienestar atendió a 2.9 millones de personas en todo el país en 570 000 centros de trabajo, con una inversión de 135 000 millones de pesos. En contraste, el Gobierno anterior destinó menos de 7 000 millones a políticas diseñadas para los jóvenes. A la fecha, el 62% de las y los participantes de este programa permanece en sus empleos.

Las y los jóvenes merecen una vida justa y feliz. Esa es la tarea de la transformación.

En su discurso, el presidente dijo:

> Le tengo mucho cariño a Nuevo León porque los fundadores fueron gente de trabajo, emprendedores, admirables. También porque los originarios de Nuevo León han abierto las puertas a muchos mexicanos y mexicanas de otras regiones. Amor eterno, como diría Juan Gabriel. Se cierra un ciclo. La gente demostró que el pueblo de México es mucha pieza. Tonto es el que piensa que el pueblo es tonto. Que los de arriba aprendan a respetar al pueblo; si no lo van a querer, por lo menos que aprendan a respetar al pueblo. No quiero ser líder moral ni cacique. ¡Que viva la presidenta!

Volamos de regreso a la Ciudad de México. Ya en el aeropuerto, lo acompañé en la camioneta hasta Palacio Nacional. Allí, en el corazón político del país, nos despedimos.

Viernes 23 al domingo 25 de agosto. San Luis Potosí, Coahuila y Sinaloa

Salimos temprano rumbo a Tampico, Tamaulipas, a bordo de un avión de la Fuerza Aérea. Nos acompañaba Rosa Icela. Al llegar, nos dirigimos en helicóptero a Tamazunchale, en la huasteca potosina, para la inauguración de la carretera que conecta Tamazunchale con Ciudad Valles y, más adelante, con San Luis Potosí.

Rosa Icela nació en Xilitla. Su madre, una maestra rural que sacó adelante a toda su familia, vive actualmente en Ciudad Valles. Fue un encuentro cargado de memoria, raíces y compromiso.

Nos recibió el gobernador Ricardo Gallardo Cardona. Debo decir que la elección en San Luis no fue sencilla. A lo largo de la campaña hubo distanciamiento entre el Partido Verde, al cual pertenece el gobernador, y Morena. Esa división nos llevó a perder una senaduría. La de minoría. Lo menciono porque estoy convencida de que entre los partidos que respaldan el movimiento de transformación no debe haber fracturas. Lo que ocurrió en San Luis Potosí fortaleció a la oposición. Es una lección que no debemos olvidar para la elección de 2027.

Durante el acto, me comprometí a dar continuidad al proyecto carretero extendiéndolo hacia Hidalgo y hacia Tampico, a través del libramiento de Tamazunchale. La huasteca es una región vasta y viva. Abarca el norte de Veracruz, el sur de Tamaulipas, el sureste de San Luis Potosí, el norte de Puebla, el este de Hidalgo y, en menor medida, algunas zonas de Querétaro y Guanajuato.

Fray Bernardino de Sahagún escribió sobre esta tierra:

> El nombre de todos estos tómase de la provincia que llaman Cuextlán, donde los que están poblados se llaman «cuextecas», si son muchos, y si uno, «cuextécatl», y por otro nombre, «toveiome» cuando son muchos, y cuando uno, «toveio», el cual nombre quiere decir «nuestro prójimo». A los mismos llamaban «panteca», o «panoteca», que quiere decir «hombre del lugar del pasadero». Los cuales fueron así llamados, y son los que viven en la provincia de «Pánuco», que propiamente se llama «Pantlán», o «Panotlán», que así «panoaia», que quiere decir, «lugar por donde pasan», que es a orillas, o riberas de la mar, y dicen que la causa porque les pusieron nombre de «Panoaya» es que dizque los primeros pobladores que vinieron a poblar esta tierra de México llegaron a aquel puerto con navíos, con que pasaron aquella mar.

El nombre de Tamazunchale puede traducirse como «lugar donde reside la mujer gobernadora». Se compone de las palabras *tam,* que significa «lugar»; *uzum,* que significa «mujer»; y *tzale,* que significa «gobernar».

El 1.° de enero de 2021, en la localidad de Amajac, municipio de Álamos, que pertenece a la huasteca veracruzana, se encontró una pieza arqueológica que muestra a la llamada Joven de Amajac. Se cree que fue una mujer gobernante.

La huasteca potosina es un territorio exuberante, húmedo y de naturaleza imponente. Ríos, cascadas y selvas la atraviesan. Las temperaturas en verano llegan hasta los 50 °C. Recuerdo que, en campaña, hicimos un mitin bajo ese calor sofocante. El aire húmedo entraba por la boca y el mareo era inevitable.

Es claro que la gente demostró que está preparada para el ejercicio de la democracia. Se dio un ejemplo en la pasada elección; eso fue gracias a la revolución de las conciencias. México es de los países con más desarrollo político en el mundo, uno de los que tienen menos analfabetismo político y que se encuentra a la vanguardia.

Terminó el mitin y nos dirigimos nuevamente hacia Tampico. El paisaje es fastuoso: la cuenca del río Pánuco se extendía ante nuestros ojos en una gama de azules y verdes que se confunden con el cielo. Tomamos el vuelo hacia la Estación Aérea Militar N.° 3 de Torreón, Coahuila de Zaragoza. Durante el trayecto, el presidente y yo conversamos sobre muchos temas. Me dijo, entre otras cosas, que Rosa Icela me iba a ayudar mucho. Coincidimos plenamente.

Llegamos a Torreón a descansar.

Sábado 24 de agosto. Torreón, Coahuila

Nos levantamos a desayunar. La virtud de las giras es que te permiten trabajar tanto por las noches como en la mañana. Acostumbro levantarme muy temprano. Siempre llevo conmigo una cafetera. A primera hora me preparo un café, enciendo la computadora, que también viaja siempre conmigo, y me pongo a leer, a estudiar o a escribir. En esas noches hice notas para este libro; por las mañanas, revisaba el documento de 100 puntos que presenté el 1.° de octubre, así como el discurso que pronuncié aquel día en el Congreso.

Durante el desayuno, le compartí esto al presidente. Me respondió:

> No dejes de salir todas las semanas. Al estar en la ciudad y en Palacio Nacional, sientes la presión. La cobertura de los medios que se dicen nacionales en realidad es de la zona metropolitana; en cambio, cuando sales a los estados con la gente, es como un bálsamo. Te llenas de energía y de ánimo para toda la semana. Durante la pandemia fue muy difícil estar encerrado sin poder ver y escuchar a la gente. Nunca dejes al pueblo, como dije en mi discurso del Zócalo: «Pueblo, pueblo, pueblo». El que te salva frente a cualquier calamidad es el pueblo, por eso nunca hay que traicionarlo. «Con el pueblo, todo; sin el pueblo, nada».

En sus palabras está el recordatorio de que la legitimidad nace del encuentro con la gente y el objetivo es siempre el bienestar del pueblo.

Nos dirigimos a la asamblea en Lerdo, Durango. Primero visitamos la planta de bombeo para el proyecto Agua Saludable para La Laguna y, más tarde, participamos en la asamblea con la comunidad. Estuvieron los gobernadores de Coahuila y Durango. Hubo porras para unos y para otros.

Durante la asamblea en Lerdo, el director de Conagua, Germán Martínez, explicó que Agua Saludable para La Laguna representó una inversión de más de 13 000 millones de pesos. Se trató de un proyecto de alta complejidad técnica que exigió diálogo permanente entre diversos sectores. El resultado fue también el fortalecimiento de la tecnificación de riego en la Comarca Lagunera.

Cuando me tocó hablar, enfaticé que uno de nuestros compromisos será precisamente consolidar esa tecnificación de riego agrícola y apoyar la mejora de las redes de agua potable para garantizar el abasto en la región. Al concluir, salimos rumbo al aeropuerto y tomamos un vuelo hacia Guaymas, Sonora.

Comimos en la base aérea y, desde ahí, nos dirigimos a la asamblea en la plaza central de Guaymas, ubicada casi frente al mar azul celeste. El primero en tomar la palabra fue el gobernador Alfonso Durazo; después hablé yo y el presidente López Obrador cerró el acto.

El presidente recordó a José Vasconcelos, que fue secretario de Educación, cuando se lanzó como candidato a la Presidencia de forma independiente. En ese entonces estaba muy fuerte el Grupo Sonora, ya se pueden ustedes imaginar. Hay que reconocerle que tuvo el valor de enfrentarse y de actuar como opositor, porque desde entonces hasta hace poco siempre predominó un solo partido. En sentido estricto no había democracia porque, primero, dominó un partido, luego se unieron dos partidos y siempre se mantuvo la misma política económica. No interesaba si gobernaba un partido o gobernaba otro, porque al final de cuentas era lo mismo políticamente hablando. A esto se le dice «gatopardismo», es decir, cuando las cosas en apariencia cambian para seguir igual.

En su discurso, el presidente dijo:

> Y ahora ya es distinto. Porque lo que había era una oligarquía, que significa el Gobierno al servicio de una minoría; así era. La democracia era una fachada, porque la democracia real, verdadera, es el poder del pueblo y para el pueblo. *Demos* significa «pueblo»; *kratos,* «poder»; es decir, el poder del pueblo. Y no había en sentido estricto democracia, era una oligarquía, repito, con apariencia de democracia, porque el Gobierno estaba convertido en un comité al servicio de una minoría rapaz.
>
> Les decía que en Guaymas estuvo José Vasconcelos, y de aquí partió, se fue al exilio luego de una elección que él consideró había sido fraudulenta. De aquí salió, de Guaymas, José Vasconcelos al exilio.
>
> También, retomando el asunto de la democracia, ahora el pueblo tiene más participación, está empoderado, ya no mandan los de arriba, ya México es país de todos los mexicanos.

López Obrador siempre tuvo una forma de hablar cercana al pueblo, directa, sin dobleces. Su capacidad de comunicación directa fue una de sus virtudes en todo este periodo.

Salimos de Guaymas rumbo a Mazatlán, Sinaloa. En el trayecto conversamos sobre el Plan Sonora y sobre la importancia de darle continuidad, así como fortalecer los proyectos de infraestructura: el puerto, la carretera Guaymas-Chihuahua, los incentivos para la inversión y las obras hidráulicas, entre otros proyectos estratégicos para la región.

Volamos a Mazatlán y ahí pernoctamos.

Jesús, mi esposo, es originario de Mazatlán, Sinaloa. Vivió ahí con su familia hasta los 15 años, cuando migraron a la Ciudad de México. Nos conocimos en la Facultad de Ciencias, mientras estudiábamos Física. Fuimos novios durante cerca de año y medio y, con el tiempo, tomamos rumbos distintos, nos separamos. Treinta y un años después, nos reencontramos.

Jesús hizo el doctorado en Física. Cuando terminó, como muchos de sus colegas, ingresó a trabajar en la banca, como especialista en riesgos financieros. En aquella época, los bancos buscaban físicos por su formación matemática, útil en modelos aplicados a los sistemas financieros.

Vivió 18 años en España. El reencuentro fue a través de Facebook, ya los dos divorciados. Es un hombre muy inteligente, informado y sagaz. No le atraen los reflectores ni el protagonismo. Nos entendemos, nos respetamos y nos amamos profundamente.

A la mañana siguiente acompañamos al presidente a inaugurar la presa Picachos. En mi intervención hice referencia a Jesús por ser originario de Mazatlán y hubo grandes aplausos. Llevo en mi corazón a Mazatlán y a Sinaloa.

Los canales de riego de la presa Picachos son obras muy importantes: permiten irrigar las tierras de la región y abastecer de agua para consumo doméstico. Gracias a esta presa, Mazatlán cuenta hoy con un suministro suficiente para crecer sin preocupaciones hídricas durante muchos años. Además, el agua también se distribuye a Concordia, fortaleciendo el desarrollo regional.

Terminamos la asamblea y emprendimos el regreso a la Ciudad de México.

Miércoles 28 de agosto. El Tribunal Electoral del Poder Judicial de la Federación ratifica mayoría calificada de nuestro movimiento

Quiero detenerme a explicar con claridad y detalle la resolución de la Sala Superior del TEPJF sobre la asignación de diputaciones y senadurías a los partidos que integran nuestro movimiento: Morena, el Partido del Trabajo y el Partido Verde, porque durante meses, incluso hasta la fecha, la derecha afirmó que a nuestro movimiento «le dieron» una sobrerrepresentación en el Congreso. Sin embargo, lo único que hizo la Sala Superior del Tribunal fue cumplir con la Constitución y aplicar la Ley General de Instituciones y Procedimientos Electorales (LGIPE) y el Código Federal de Instituciones y Procedimientos Electorales (COFIPE), tal y como lo han hecho desde el 2009. Aquí lo explicaré a profundidad.

La Cámara de Diputados se compone de 500 curules: 300 son de mayoría directa y 200 de representación proporcional. De los 300 distritos electorales en el país, Morena obtuvo 161 diputaciones; el Partido del Trabajo, 38; y el Partido Verde, 57. Por su parte, el PAN obtuvo 32; el PRI, 9; el PRD, 1; Movimiento Ciudadano, 1; y hubo una diputación independiente. En resumen, la alianza de Morena, PT y Partido Verde obtuvo 256 de los 300 distritos de mayoría. Mientras que la oposición, en conjunto, ganó solamente 42 diputaciones. Sí, tan solo 42 diputaciones de mayoría relativa.

El resultado de los votos por partido político fue el siguiente:

Partido	Votación por diputados
PAN	10 046 629
PRI	6 622 242
PRD	1 449 176
PVEM	4 992 286
PT	3 253 564
MC	6 495 521
Morena	24 277 957
CI	72 012
No registradas	49 305
Votos nulos	2 189 171
VOTACIÓN TOTAL EMITIDA	59 447 863

INE: Acuerdo del Consejo General del 23 de agosto de 2024 (Cómputos distritales)

El procedimiento para asignar el número de diputaciones del Congreso está establecido en el artículo 54 de la Constitución y en la Ley General de Instituciones y Procedimientos Electorales (LGIPE). Para la elección de 2024, este proceso fue descrito con detalle en el Acuerdo del Consejo General del INE del 23 de agosto de 2024. A continuación, sintetizo su contenido para explicar los pasos de este proceso y el cálculo de las diputaciones de cada partido y de nuestra coalición, con el fin de dejar muy claro que nunca hubo sobrerrepresentación, sino sencillamente cumplimiento de la ley:

1. El primer paso consiste en definir el total de la votación sobre el que se hará el cálculo de diputaciones. De acuerdo con la fracción III del artículo 54 de la Constitución y el artículo 15 de la LGIPE, para la asignación de diputaciones de representación proporcional, se entenderá como «votación nacional emitida» aquella que resulte de restar, a la votación total depositada en las urnas, los votos a favor de los partidos políticos que no hayan alcanzado al menos el 3% de dicha votación, los votos emitidos para candidaturas independientes y los votos nulos.

   Votación nacional emitida = Votación total emitida – votos de los partidos políticos que no hayan obtenido registro (PRD) – votos de candidatos independientes – votos nulos (se consideran los votos por candidatos no registrados como independientes).

   De la tabla de resultados:

   Votación nacional emitida = 59 447 863 – 1 449 176 – 72 012 – 49 305 – 2 189 171 = 55 688 199

2. En segundo lugar, se calculó el «cociente natural», es decir, el número base que se utiliza para determinar cuántos diputados de representación proporcional corresponden a cada partido. Así lo establece el artículo 16 de la LGIPE y consiste en dividir la votación nacional emitida —en este caso, 55 688 199 votos— entre 200 curules plurinominales disponibles. El resultado fue de 278 441 votos por curul. Esta fue la cantidad mínima que los partidos necesitaban para participar en la asignación de diputaciones plurinominales.

3. En tercer lugar, se aplicó la fórmula contenida en el artículo 17 de la LGIPE para calcular cuántas diputaciones plurinominales correspondían a cada partido. La fórmula consiste en dividir el número de votos obtenidos por cada partido entre el «cociente natural» (278 441). El resultado de esa operación determinó el número inicial de curules plurinominales que le correspondía a cada fuerza política.

Partido	Votación por diputados	Fórmula	Curules plurinominales
PAN	10 046 629	Votación / Cociente Natural	36
PRI	6 622 242	Votación / Cociente Natural	23
PT	3 253 564	Votación / Cociente Natural	11
PVEM	4 992 286	Votación / Cociente Natural	17
MC	6 495 521	Votación / Cociente Natural	23
Morena	24 277 957	Votación / Cociente Natural	87
TOTAL	55 688 199	Votación / Cociente Natural	197

4. Como puede observarse en esta tabla, el procedimiento de división para asignar diputaciones plurinominales dejó, en 2024, tres curules restantes por asignar. El artículo 17 de la LGIPE establece que esas diputaciones se deben asignar utilizando el criterio de «resto mayor». Es decir, se otorgan a los partidos que, tras la división anterior, hayan acumulado el mayor número de votos sobrantes o remanentes.

   Luego de hacer el cálculo, se identificó que los partidos con los restos más altos fueron el PRI, el PT y el PVEM. A cada uno de ellos les tocaron esos tres últimos plurinominales.

Partido	**Votación**	**Remanente**	**Curules por asignar**
PAN	10046629	22753	
PRI	6622242	218099	1
PT	3253564	190713	1
PVEM	4992286	258789	1
MC	6495521	91378	
Morena	24277957	53590	
TOTAL	55688199	835323	3

Con esto se llegó al total de lo que el INE llama «asignación preliminar» de diputaciones plurinominales, que fue la siguiente:

Partido	**Asignación preliminar del INE**
PAN	36
PRI	24
PT	12
PVEM	18
MC	23
Morena	87
TOTAL	200

Es importante subrayar que esta asignación inicial no corresponde exactamente con la distribución definitiva realizada por el INE en 2024. Esto se debe a que, además del procedimiento descrito, intervienen otros criterios posteriores, como son las impugnaciones de resultados.

Una vez realizados estos últimos ajustes por el INE, el número definitivo de diputaciones de cada partido presentado el 23 de agosto de 2024 fue el siguiente:

Partido	Diputaciones por mayoría	Diputaciones plurinominales	Total diputaciones
PAN	32	40	72
PRI	9	26	35
PT	38	13	51
PVEM	57	20	77
MC	1	26	27
Morena	161	75	236
PRD	1	0	1
Indep.	1	0	1
TOTAL	300	200	500

Como puede apreciarse, la asignación definitiva arrojó un total de 364 diputaciones para Morena y sus aliados, lo que le otorga una mayoría calificada en la Cámara de Diputados a nuestro movimiento.

Sin embargo, la oposición impugnó estos resultados, argumentando de forma engañosa que el reparto de plurinominales debía realizarse «por coalición, no por partido». Lo cierto es que esa interpretación no corresponde con lo que establece la legislación vigente. La ley es clara, y así fue aplicada.

Para entender cómo se distribuyen las diputaciones en estos casos, es necesario considerar dos ordenamientos legales.

En primer lugar, nuestra Constitución. En su artículo 54 establece de manera clara que ningún partido político puede tener más de 300 diputaciones, sumando los de mayoría relativa y los plurinominales. En segundo lugar, es fundamental revisar el Código Federal de Instituciones y Procedimientos Electorales (COFIPE). En 1996, dicho código fue reformado para que las coaliciones recibieran diputaciones plurinominales como si fueran un solo partido. En la práctica, esto significaba que ninguna coalición podía superar los 300 curules. Sin embargo, en 2008, el PRI y el PAN impulsaron una reforma que eliminó esa disposición del artículo 59. Desde entonces, las diputaciones plurinominales se asignan directamente a los partidos y no a las coaliciones.

Es decir, hoy en día, una coalición puede tener, en conjunto, más de 300 diputaciones. Lo que no permite la ley es que alguno de sus partidos miembros alcance esos 300 por sí solo.

Es por ello que el 28 de agosto de 2024, la Sala Superior del Tribunal Electoral del Poder Judicial de la Federación, por mayoría de votos, confirmó este acuerdo emitido por el Consejo General del INE. Con esta resolución, se corroboró que el reparto de diputaciones plurinominales quedaría tal y como se estableció, sumando un total de 364 para la coalición Sigamos Haciendo Historia. El poder legislativo refleja hoy, con legitimidad, el mandato de las urnas.

Viernes 30 de agosto. Reunión con gobernadores para IMSS-Bienestar y Parque Ecológico Lago de Texcoco

Por la mañana asistí a Palacio Nacional para acompañar al presidente López Obrador en la evaluación de los avances del sistema de salud federalizado del IMSS-Bienestar en 22 estados y en la Ciudad de México. La reunión fue con el jefe de Gobierno y con los gobernadores del movimiento. Somos un gran equipo, muy unido. Por lo mismo, nuestra responsabilidad es inmensa.

Me invitó al despacho para entrar juntos a la reunión. Palacio Nacional es uno de los edificios más imponentes del país. Recuerdo la primera vez que lo visité como jefa de Gobierno. Fue una experiencia muy emocionante. No solo por la magnitud del edificio, sino por lo que representa: ese sitio ha sido el centro político de México desde los tiempos de los antiguos mexicas. Aquí estuvo la casa de Moctezuma, junto al Templo Mayor. Con las piedras de los antiguos templos se construyó la casa de Hernán Cortés y de los virreyes coloniales. Todavía se conservan vestigios de la época triste de la Intervención Francesa: jarrones inmensos con las iniciales del emperador Maximiliano. En el periodo de Peña Nieto, se colocaron en los pasillos del primer piso, donde se encuentra el despacho presidencial, los retratos de los principales presidentes de México, desde Guadalupe Victoria. Cuando el presidente decidió regresar a vivir a Palacio Nacional, junto a Beatriz, quien entre muchas de sus virtudes posee un gran conocimiento de la memoria histórica, recuperó el acervo artístico de la Secretaría de Hacienda. Colocaron en sus pasillos cuadros de pintores mexicanos y, sobre todo, retratos de héroes y heroínas y luchadores sociales olvidados. Fue un acto de reconocimiento. Un gesto simbólico que dio nueva vida al corazón político del país.

AMLO me recibió en un espacio que está detrás del despacho presidencial: el Salón Morisco, construido por iniciativa del presidente Ruiz Cortines. Estuvimos platicando sobre la importancia de mantener los principios de nuestro movimiento. Me dijo que las alianzas son muy valiosas, pero que nunca deben estar por encima de los principios: no mentir, no robar y no traicionar al pueblo. Me insistió en que siempre hay que estar cerca del pueblo y de la historia. Las alianzas solo tienen sentido cuando se construyen para fortalecer la transformación.

Las palabras del presidente AMLO siempre tuvieron profundidad y sentido histórico. Pero, en esos últimos meses, transmitía su reflexión sin perder su sencillez y sonrisa, con un legado de trascendencia. Se veía pleno y motivado.

Caminamos juntos a ver a los gobernadores y gobernadoras. Ahí, Zoé Robledo expuso los avances del IMSS-Bienestar. Al finalizar, nos tomamos una fotografía grupal y nos dirigimos a la inauguración del Parque Ecológico Lago de Texcoco.

Recordemos que, durante años, ahí se pretendía construir un aeropuerto. El primero en intentarlo fue Vicente Fox. En 2001, su gobierno emitió 19 decretos expropiatorios en los que ofreció siete pesos por cada metro cuadrado de tierra, principalmente por terrenos agrícolas. Las comunidades afectadas de los municipios de Tocuila, Nexquipayac, Santa Cruz de Abajo, San Felipe y San Salvador Atenco se organizaron. A través de la vía legal y de la movilización social lograron frenar aquel proyecto que pretendía imponerse como un negocio disfrazado de infraestructura. Donde se quiso imponer despojo, hoy florece vida.

En aquel entonces, AMLO era jefe de Gobierno y también se opuso abiertamente al proyecto. Recuerdo que, desde la Secretaría de Medio Ambiente, pusimos sobre la mesa múltiples argumentos en contra de su construcción. Primero, que el suelo no era el apropiado: la sobreexplotación del acuífero provocaría hundimientos que alcanzarían hasta 50 centímetros por año. Segundo, que al secar lo que quedaba del lago se ponía en riesgo la biodiversidad y la llegada de aves migratorias. Y tercero, que se trata de una zona clave para el amortiguamiento natural de lluvias en toda la Zona Metropolitana del Valle de México.

En 2006, cuando Peña Nieto era gobernador del Estado de México, ocurrió un episodio que se caracterizó por el uso de la violencia extrema: la represión en San Salvador Atenco. Fue un hecho que dejó huellas profundas por el uso desproporcionado de la fuerza, la tortura y la criminalización de los habitantes del pueblo, cuya única lucha fue en defensa de su tierra.

Todo comenzó cuando elementos de la policía municipal impidieron a un grupo de comerciantes vender flores en el mercado de Texcoco. Ante esa acción arbitraria, los comerciantes afectados solicitaron ayuda a los activistas de este municipio, quienes se organizaron para bloquear la carretera a Texcoco en señal de protesta. La respuesta fue la represión. Al día siguiente, miles de policías municipales, estatales y federales irrumpieron en la comunidad de Atenco con el fin de «neutralizar» las protestas.

De acuerdo con la Comisión Nacional de los Derechos Humanos (CNDH), el saldo de esos dos días de extrema violencia fue trágico: dos personas asesinadas y la detención arbitraria de al menos 200 —entre ellas, 10 menores de edad— mediante detenciones injustificadas y el allanamiento de los hogares. La mayoría de ellas permaneció incomunicada y fue víctima de tortura prolongada. Además, se llevaron a cabo irregularidades en sus procesos de aprehensión y castigos injustificados dirigidos sobre todo a los líderes del movimiento, a quienes se les sentenció por delitos fabricados, con penas que iban de 30 hasta 112 años de prisión.

La CNDH concluyó que:

> Otro acto inhumano fue que los elementos policiacos agredieron sexualmente a docenas de mujeres, entre las cuales había periodistas, estudiantes, manifestantes que apoyaban la causa, extranjeras, o solo asistentes fortuitas. Movilizaciones y acciones legales lograron poner en libertad a los detenidos. Los policías nunca fueron sentenciados.

Cuando Peña Nieto llegó a la Presidencia, decidió revivir el proyecto del aeropuerto en Texcoco, con una inversión estimada en 300 000 millones de pesos. En esta ocasión, evitó recurrir a expropiaciones y proyectó la obra solamente en terrenos de propiedad federal. El plan implicaba el cierre del Aeropuerto Internacional de la Ciudad de México «Benito Juárez», y de la base militar de Santa Lucía. El objetivo era generar un desarrollo inmobiliario sobre las 700 hectáreas que actualmente ocupa el AICM. Comenzó la construcción.

Cuando asumió la presidencia, López Obrador sometió a consulta pública la decisión sobre el futuro del aeropuerto en Texcoco. En plazas públicas, con casillas y boletas, la ciudadanía votó si debía continuar la obra en el aeropuerto en Texcoco o se construía un nuevo aeropuerto en Santa Lucía, Estado de México. Más del 69.7% votó por la segunda opción.

Hoy tenemos tres instalaciones aeroportuarias: la base aérea militar y el Aeropuerto Internacional «Felipe Ángeles», ambos en Santa Lucía, y el AICM «Benito Juárez», que continúa en operaciones. Además, en el terreno de Texcoco se estableció un parque ecológico de más de 14 000 hectáreas, decretado como área natural protegida. La decisión fue colectiva; el resultado, transformador.

En su discurso, AMLO dijo:

> ¿Qué pensaban los corruptos?
>
> Que el pueblo se iba a dejar manipular y que con su dinero y con los medios de comunicación, de manipulación, a su servicio, iban a poder manipular a nuestro pueblo. Tengan para que aprendan.
>
> Aquí, nada más en el Estado de México —que no se olvide, porque esto no se escucha en la radio, ni se ve en la televisión, ni se lee en los periódicos, nada más el pueblo del Estado de México—, cinco millones de mexiquenses, cinco millones votaron por Claudia Sheinbaum. Nunca tanta gente se había manifestado en las urnas por una candidata o candidato.
>
> Regresamos a la Ciudad de México, lo acompañé hasta Palacio Nacional y de ahí me fui a descansar a casa.

Sábado 31 de agosto. Tren El Insurgente

Junto con la maestra Delfina Gómez, Clara Brugada y Jesús Esteva, actual secretario de Infraestructura, Comunicaciones y Transportes, recorrimos el tren que conecta Toluca con Santa Fe, al que el presidente puso el nombre de El Insurgente, en honor al Padre de la Patria, Miguel Hidalgo y Costilla. Vale la pena recordar por qué.

En octubre de 1810, tras tomar la ciudad de Valladolid —hoy Morelia—, las fuerzas insurgentes avanzaron hacia la capital del virreinato. Muy cerca de su objetivo, en el estrecho paso del Monte de las Cruces, en el actual municipio de Ocoyoacac, Estado de México, los acechaba el ejército realista al mando del general Torcuato Trujillo. Ahí, el ejército insurgente enfrentó por primera vez el fuego de la artillería, lo que les produjo gran cantidad de bajas. Sin embargo, los oficiales independentistas, especialmente Mariano Abasolo y Mariano Jiménez, lucharon con firmeza y la multitud que los acompañaba logró forzar la retirada del ejército realista.

Fue entonces cuando Hidalgo tomó una decisión que hasta hoy sigue siendo objeto de debate: en lugar de seguir el camino a la Ciudad de México, se retiró. Es probable que lo haya hecho para evitar una masacre mayor.

Durante mi intervención, expliqué las complicaciones administrativas y técnicas que tuvo la construcción del tren. Fue un proyecto del sexenio anterior. Sin embargo, una vez licitado y asignada la obra, cambiaron el proyecto ejecutivo. Al Gobierno de la Ciudad de México le dieron la construcción correspondiente al territorio de la capital. Cuando nosotros llegamos, a la obra le faltaba proyecto ejecutivo, había sobrecostos y la empresa encargada tenía un gran retraso. Tanta complicación retrasó el tramo hasta Observatorio. Este será inaugurado hasta diciembre de 2025.

El tren pasa por lo que durante muchos años fue la industria militar de la Secretaría de la Defensa Nacional. Cuando Peña Nieto aún estaba en el Gobierno, quisieron vender cerca de 100 hectáreas para hacer un gran desarrollo inmobiliario. Afortunadamente llegó AMLO a la Presidencia y nosotros a la jefatura de Gobierno. Los dos coincidimos en que era mejor hacer un parque, lo que hoy es la cuarta sección del bosque de Chapultepec. También se hizo una estación del tren en el pueblo de Santa Fe, donde se encuentran las colonias populares, y no únicamente en la zona residencial del mismo nombre.

Regresamos juntos a Palacio Nacional y de ahí me dirigí a mi casa.

Domingo 1.° de septiembre. Sexto Informe de Gobierno

Aquel día asistí al Sexto Informe de Gobierno de AMLO. Se percibía en el aire una nostalgia anticipada. El templete, discreto, estaba adornado con los colores de la bandera nacional. El presidente subió solo al pódium. Inició su discurso:

> Amigas, amigos:
>
> Hoy rindo ante ustedes y ante el pueblo y la nación mi último informe de Gobierno y lo hago más convencido que nunca de que lo mejor de México es su pueblo, heredero de civilizaciones que florecieron desde mucho antes de la llegada de los invasores europeos.
>
> Gracias a la raíz de esas culturas prehispánicas de ese México profundo, las mexicanas y los mexicanos de hoy son, en su inmensa mayoría, trabajadores, solidarios y honestos. El legado de principios buenos que se transmitieron de generación en generación y que no han desaparecido —a pesar de la opresión, el clasismo y el racismo— es lo que nos distingue y sitúa como un país de virtudes y grandeza.
>
> De esa raíz y de ese tronco proviene también la singular y espléndida historia política de México.
>
> No olvidemos que los padres de nuestra patria, Hidalgo y Morelos, no solo lucharon por la Independencia, sino también por la abolición de la esclavitud y en contra de la desigualdad; Juárez estableció el Estado laico y entre 1910 y 1917 nuestro país protagonizó la primera revolución social del siglo XX.
>
> Aquí los hermanos Flores Magón lucharon por los derechos de los trabajadores; aquí se levantaron en armas el revolucionario del pueblo, Francisco Villa, y el más auténtico defensor de los campesinos, Emiliano Zapata, en demanda de libertad, tierra y justicia. ¿Cuántos demócratas, lo digo con respeto, en el mundo, cuántos demócratas sinceros han existido como Francisco I. Madero? ¿Cuántos presidentes han profesado tanto amor al pueblo pobre como el general Lázaro Cárdenas del Río?

De eso estamos hechos los mexicanos; somos herederos de un pasado grandioso y de una historia excepcional y fecunda.

Ello explica en buena medida por qué no nos tomó mucho tiempo revertir la decadencia que se produjo con la política neoliberal o neoporfirista y cómo pudimos, relativamente pronto, fincar las bases para iniciar una etapa nueva que ya se conoce e identifica como la Cuarta Transformación de la vida pública de México.

Con este ideario comenzamos nuestro gobierno hace casi seis años. Lo primero que hicimos fue reformar nuestra Constitución, hasta donde se pudo, y promover leyes para frenar la política antipopular, entreguista y corrupta que se había impuesto y legalizado por el predominio de un poder oligárquico con apariencia de democracia.

Todavía el 5 de febrero de este año, presentamos al Congreso 20 reformas constitucionales para restituir a la Carta Magna el sentido revolucionario y popular que tuvo desde su redacción original, en 1917.

Estas iniciativas son, a todas luces, distintas y contrapuestas a las reformas que se aprobaron durante los 36 años del nefasto periodo neoliberal, cuando no se pensaba en beneficiar al pueblo, sino en ajustar el marco legal para facilitar el despojo y la entrega de bienes del pueblo y de la nación a una minoría rapaz.

Ahora afortunadamente estamos viviendo en una auténtica democracia, construyendo una patria nueva, enaltecida, fraterna.

Y aquí empiezo a puntualizar lo que hemos hecho entre todas y todos, y desde abajo:

Mientras en los sexenios de Calderón y Peña cada mes se empobrecían 100 000 personas, en nuestro gobierno, por el contrario, cada mes salen de la pobreza 100 000 mexicanos.

Su informe continuó por más de dos horas. Recibió aplausos cargados de alegría y orgullo; sobre todo, de mucho orgullo.

Debo decir que, en varias ocasiones, el presidente se dirigió directamente a mí. No lo manifiesto abiertamente, pero siento una mezcla de bochorno y gratitud; la verdad es que en el fondo soy bastante tímida. Agradecí con la mano en el pecho y, a veces, me ponía de pie cuando se escuchaba el grito: «¡Presidenta, presidenta!». Me conmueve la generosidad y el aprecio de AMLO. Se cerraba un ciclo, pero, al mismo tiempo, se abría otro ante los ojos de todos.

Y entonces llegó el cierre:

> Me retiro con el orgullo y el honor de haber servido a un pueblo bueno, trabajador, inteligente, fraterno, heredero de grandes virtudes y valores de los antiguos mexicanos, heredero de la dignidad y el patriotismo de nuestros abnegados héroes y heroínas, tanto conocidos como héroes y heroínas anónimas.
>
> Se hizo mucho entre todos y desde abajo. Es indudable que avanzamos en la revolución de las conciencias y se sentaron las bases para consolidar la nueva política denominada humanismo mexicano, que en esencia es reconocer y atender a los de abajo, quienes permanecían olvidados y humillados; dejamos de manifiesto que el poder solo tiene sentido y se convierte en virtud cuando se pone al servicio de los demás.
>
> Pero aun con lo mucho que se logró, todavía es notorio el atraso que padecemos por el largo y tormentoso periodo en que el Gobierno estuvo en manos de oligarcas insensibles que nunca se preocuparon por el bienestar del pueblo y solo se dedicaron a saquear e impedir el progreso con justicia de quienes nacimos y vivimos en este paraíso llamado México.
>
> Por lo mismo, es indispensable seguir luchando para fortalecer lo alcanzado y continuar construyendo una patria nueva, generosa y eterna. Tengamos presente que la vida es demasiado corta para desperdiciarla en cosas que no valen la pena, y no olvidemos nunca, jamás, que la felicidad no reside en el dinero, en las posesiones

materiales, en los títulos ni en la fama, ni en la búsqueda del poder por el poder. La felicidad es estar bien con uno mismo, con nuestra conciencia y con el prójimo.

Y, por último, gracias. Gracias de corazón. ¡Que viva el pueblo! ¡Viva México!

ARCHIVO FOTOGRÁFICO II

20 DE JULIO

Guanajuato

15 DE AGOSTO

Sesión de la Sala Superior del TEPJF *durante la entrega de la constancia de mayoría que acredita a Claudia Sheinbaum como presidenta electa de México*

30 DE AGOSTO

Reunión del IMSS-Bienestar en Palacio Nacional

Parque Ecológico Lago de Texcoco

Viernes 6 de septiembre 2024. Quintana Roo

Visitamos el sur de Quintana Roo. Llegamos a Cancún para dirigirnos en el Tren Maya hacia Tulum. Nos acompaña Mara Lezama, nuestra querida gobernadora, así como las y los empresarios constructores de esta magna obra, tan criticada por los adversarios. La verdad, pienso que en el fondo lo que hay es una envidia profunda de lo que AMLO hizo en estos seis años. Imaginemos a los presidentes de antes que no tienen una sola obra que presumir.

Hicimos una parada en Playa del Carmen para hacer entrega de escrituras a habitantes de la colonia Colosio. La población de Quintana Roo pasó de 845 000 personas en el año 2000 a 1 857 000 en 2020. El desarrollo turístico de Cancún y la Riviera Maya atrajo a muchas personas de diferentes lugares del país. En muchos casos, ese crecimiento trajo consigo un desarrollo urbano desordenado. La colonia Colosio, en Playa del Carmen, es uno de esos casos. Y hay que decirlo: no es distinto a lo que sucede en muchos otros lugares del país. Hoy AMLO y la gobernadora Mara Lezama entregan escrituras a los propietarios. Eso también es justicia.

Al final del día, subimos al Tren Maya y pernoctamos en el hotel de la empresa de la Secretaría de la Defensa Nacional, Grupo Aeroportuario, Ferroviario, de Servicios Auxiliares y Conexos Olmeca-Maya-Mexica (GAFSACOMM). El hotel es verdaderamente hermoso.

Sábado 7 de septiembre. Tulum

Iniciamos el día con el desayuno habitual. Después, nos reunimos con Mara Lezama para inaugurar el Parque del Jaguar, en Tulum.

Román Meyer, secretario de SEDATU, explicó que esta obra de remodelación y ampliación abarca 1 000 hectáreas con una inversión de 2 700 millones de pesos. Se trata de un proyecto que promueve la conservación cultural y ambiental, y busca consolidarse como uno de los referentes turísticos más importantes de la región.

Meyer relató que, al iniciar el proyecto en 2022, el estado del lugar era caótico y preocupante: los desarrolladores inmobiliarios avanzaban sobre la zona arqueológica, y era necesario un proyecto que la protegiera, ordenara y rehabilitara.

Como parte del parque, se recuperaron 300 hectáreas que funcionaban como aeródromo y se construyeron dos kilómetros de senderos, una ciclovía, una barda perimetral y dos módulos de servicios. Además, cuenta con museo de sitio, siete accesos a playas públicas, dos miradores, cocina de humo, biciestacionamiento, central para autobuses eléctricos, centros de visitantes, foro, pasos peatonales y de fauna, así como zonas administrativas, de servicios y contemplación, y conexión con la estación del Tren Maya.

La belleza de Tulum invita a imaginar lo que los antiguos mayas vieron en este sorprendente sitio. El azul turquesa del mar Caribe se combina con las pirámides que se funden con el paisaje. La arquitectura del parque también es hermosa; destacan el museo, las calzadas y una plataforma circular desde la cual se puede subir para contemplar la belleza del lugar. México es mágico.

Regresamos al Tren Maya; vamos con el general secretario, Luis Cresencio Sandoval, y con Daniel Chávez, el empresario del sector turístico, y con varios secretarios y secretarias del gobierno de AMLO; amigos, compañeros de lucha.

Llegamos a Felipe Carrillo Puerto para inaugurar el museo que exhibe la vida de este héroe del Mayab, asesinado el 3 de enero de 1924 por luchar contra la discriminación y en defensa de la justicia. El museo exhibe parte de su historia y algunas de sus pertenencias. Es un acto de memoria profundamente significativo, pues el presidente López Obrador designó al 2024 como el año de Felipe Carrillo Puerto, en honor a este gran mexicano.

Es curiosa la vida de este ilustre personaje. A los 18 años, Felipe Carrillo Puerto encabezó la defensa de la comunidad maya de Kaxatah ante el intento de desalojo por parte de los hacendados de Dzununcán, por lo que fue encarcelado. Al salir de prisión, se unió al movimiento maderista antirreeleccionista y luchó en Morelos junto a Zapata. Ahí fortaleció su ideario de justicia social.

Regresó a Yucatán, atraído por las reformas sociales impulsadas por el general constitucionalista Salvador Alvarado. Sin embargo, fue detenido y acusado de ser zapatista. Desde prisión pidió entrevistarse con Salvador Alvarado, quien accedió y, tras conocerlo, encontró en Carrillo Puerto un verdadero aliado de convicciones. Participó como redactor de la Constitución de 1917, aunque no pudo asistir personalmente. En 1918 fue diputado local y llegó a presidir la Cámara de Diputados yucateca.

En 1922, Felipe Carrillo Puerto ocupó la gubernatura yucateca. Su primer discurso lo pronunció en lengua maya. En su palabra, como en su lucha, habló un pueblo entero.

Su gobierno fue progresista en todos los aspectos. Instituyó los viernes culturales y reconoció los derechos políticos de las mujeres, incluido el derecho a votar y ser votadas. También estableció la revocación de los funcionarios de elección popular cuando la solicitara el mismo pueblo. Su gestión apenas duró 20 meses y, en ese lapso, reactivó el reparto de tierras, fundó la Comisión Local Agraria y promovió la socialización de la producción de los ejidos. También fundó diversas escuelas socialistas, creó la Academia Mexicana de la Lengua Maya y la Universidad del Sureste.

En 1923, Carrillo Puerto combatió la rebelión de Adolfo de la Huerta, quien buscaba disputarle el poder a Álvaro Obregón. Carrillo Puerto fue derrocado. Lo apresaron en Holbox, Quintana Roo, el 21 de diciembre de 1923. Tras su defenestración y captura, fue fusilado el 3 de enero de 1924 junto con 11 personas más, entre ellas, algunos de sus hermanos.

En 1927, el Honorable Congreso del Estado de Yucatán lo declaró Benemérito del Estado. Por su defensa de la lengua y de los pueblos mayas, es recordado como el Apóstol de la Raza.

Como he dicho antes: cada movimiento reivindica a sus héroes. Sus ideales siguen siendo faro en nuestro camino.

En el cierre de su intervención, el presidente López Obrador, con su característico sentido del humor y cercanía con la gente, dijo:

> Porque, lo decía yo ayer, fuimos muy perseverantes. Yo creo que, de aburridos, nos dijo la gente: «Ya, ya, a ver qué van a hacer», porque estábamos dale y dale y dale, tres veces, y ya iba a ser la última, ya es mucho… y fraude. Y la gente apoyaba, pero no respetaban los votos, ya saben cómo era antes, ¿no? Estos que se quejan ahora eran los que cada vez que había elecciones empezaba la repartidera, ¿no?, ¿se acuerdan? Despensas, frijol con gorgojo, láminas, materiales de construcción; pollos, patos, chivos, borregos, puercos, cochinos, marranos, cerdos; dinero en efectivo en la noche. Y decían algunos compañeros ya grandes: «No, no vamos a poder, no vamos a poder». Y nosotros: «Vamos, vamos adelante, aunque las cartas estén marcadas, vamos, aunque los dados estén cargados, vamos para adelante, porque tenemos que lograr la transformación y lo tenemos que lograr por la vía electoral y pacífica». ¿Y saben qué? Lo logramos, porque la gente apoyó. Entonces, vamos a seguir adelante.

Y seguimos adelante en el Tren Maya hasta Bacalar, otro paraíso turquesa y tranquilo, en donde pernoctamos.

Domingo 8 de septiembre. Inauguración de la zona arqueológica de Ichkabal

Ichkabal es una ciudad maya descubierta en los años noventa y que data aproximadamente del año 200 antes de nuestra era. Tiene pirámides colosales que sobresalen de la selva como parte del paisaje. Es parte del Programa de Mejoramiento de Zonas Arqueológicas (Promeza), inserto en el proyecto prioritario del Tren Maya.

Caminamos en el intenso calor por el sitio arqueológico. Subimos la pirámide. Al cierre hubo un evento con la gente. Finalmente, regresamos a la ciudad.

Martes 10 de septiembre. Mensaje a los cadetes del Colegio Militar y la Marina en Ciudad de México

Como parte de estos momentos históricos que vivimos con la transición, el general secretario Luis Cresencio Sandoval me propuso hacer un evento con los cadetes. Acepté. Preparé durante varios días mi discurso. Las imágenes fueron imponentes y el presidente se veía contento. Me acompañaron aquellos a quienes decidí nombrar secretario de la Defensa Nacional, el general Ricardo Trevilla Trejo, y el almirante Raymundo Morales, quien sería secretario de Marina.

Les comparto mi discurso:

> Es un honor y un orgullo dirigirme a ustedes, hombres y mujeres, que han escogido como forma de vida la pertenencia a dos nobles instituciones que son pilares de nuestra nación: la Secretaría de la Defensa Nacional y la Secretaría de Marina. Son mexicanos y mexicanas que han tomado la decisión de servir a su patria y a su pueblo con honor, lealtad, patriotismo, honestidad y valentía. La razón o el origen por el cual llegaron aquí será probablemente distinta, pero su misión es una y es la que compartimos, el amor a la grandeza de nuestro hermoso país, libre, independiente y soberano.
>
> México, nuestra nación, es extraordinaria. Tenemos orígenes en civilizaciones que se remontan a más de 3 000 años, que dieron al mundo el cultivo del maíz, el jitomate, el cacao, el chile, la calabaza, entre otros, que construyeron grandes pirámides y ciudades; que se dedicaron a la observación de los astros; que crearon matemáticas

especiales, formas de organización y desarrollo con valores profundos que nos arropan hasta ahora.

Somos también, probablemente, el único o de los pocos países en el mundo que han vivido cuatro transformaciones profundas que han moldeado nuestra historia hasta llegar a ser lo que somos.

La Independencia, hace poco más de 200 años, que nos liberó de la Corona española y que tuvo como padres de nuestra patria a los curas Hidalgo y Morelos, quienes, además de iniciar la lucha por un país libre, aspiraban a abolir la esclavitud y tener un país con igualdad y con justicia.

Los acompañaron otros grandes héroes como Allende, Guerrero y Guadalupe Victoria, y heroínas como Josefa Ortiz y Leona Vicario. La revolución de Independencia duró más de una década. Fue justamente hace 200 años que surgió la primera constitución de la República y el primer presidente de México.

La segunda transformación inició poco más de 30 años más tarde, después de haber vivido la intervención estadounidense y haber perdido la mitad de nuestro territorio. La segunda transformación, idealista, encabezada por Benito Juárez, indígena zapoteco, significó la separación entre la Iglesia y el Estado y una nueva Constitución, la de 1857. Hubo una guerra civil encabezada por el conservadurismo de aquella época, que buscó desaparecer esa nueva Carta Magna, pero no prosperó.

Sin embargo, después del triunfo, llega la Intervención Francesa. Con valentía y sin titubeos, Juárez, los liberales y el pueblo de México lucharon hasta lograr la segunda independencia.

Hay participaciones de jóvenes de aquella época que trascendieron hasta nuestros días: los niños héroes, cadetes del Colegio Militar que dan su vida contra la intervención estadounidense; el general Zaragoza en la gloriosa batalla de Puebla contra el ejército francés, quien decía a los combatientes: «Tenemos enfrente al mejor ejército del mundo, pero nosotros somos los mejores hijos de México».

La tercera transformación, la Revolución mexicana, inicia con el Plan de San Luis, cuando Francisco I. Madero llama a tomar las armas al pueblo de México para derrotar la dictadura de Porfirio Díaz con el grito: «Sufragio efectivo, no reelección».

Madero llega a la Presidencia después de meses de insurgencia, pero poco más de un año después, es derrocado y asesinado junto con el vicepresidente Pino Suárez, por un golpe de Estado perpetrado por Victoriano Huerta y, con él, quienes querían retornar a un régimen dictatorial y a favor de los que se habían beneficiado durante el periodo porfirista.

De todos los gobernadores de aquel tiempo, solo hay uno que no aceptó ese golpe de Estado: el gobernador de Coahuila, estado natal de Madero, Venustiano Carranza.

El 19 de febrero de 1913, el Congreso del Estado de Coahuila publicó un célebre decreto en el que desconocía al usurpador Victoriano Huerta y facultaba a Venustiano Carranza para crear una fuerza armada y restablecer la democracia y el orden constitucional. Ese es el origen del Ejército mexicano.

Dice el historiador Javier Garciadiego que el Ejército estuvo integrado en su origen por campesinas y campesinos del sur; por vaqueros del norte del país, que eran hábiles en el uso de las armas y del caballo; por mineros, como los reprimidos en Cananea durante el Porfiriato, pero ampliamente capacitados en el manejo de la dinamita; por ferrocarrileros, que conocían muy bien todo el territorio nacional; por arrieros, que era un oficio muy noble y muy popular en aquellos días; empleados públicos y pequeños comerciantes. Se sumaron indígenas del norte, del centro y del sur del país; obreros y artesanos y generales valientes como Múgica, Zapata, Villa. Siete años más tarde del inicio de la Revolución mexicana, el ejército de hombres y también de mujeres valerosas triunfó.

En 1917 fue promulgada la nueva Constitución, pero no fue sino hasta el periodo del general Lázaro Cárdenas del Río que se cumplieron muchas de las demandas de justicia social.

No podemos olvidar a los cadetes del Colegio Militar que acompañaron a Madero entre el Castillo de Chapultepec y el Palacio Nacional, defendiendo a su presidente y a la democracia en el inicio de lo que se conoció como la Decena Trágica, o al gran general Felipe Ángeles, uno de los grandes humanistas que dijo: «Hay algo frágil, débil, pero infinitamente precioso que todos debemos defender: la vida».

Lo relevante que quiero transmitirles es que las Fuerzas Armadas mexicanas vienen de una revolución social, vienen de la lucha por la democracia, de la defensa del pueblo mismo por sus derechos, por la justicia social.

Nuestro Ejército nació en contra de un golpe de Estado. Es decir, las instituciones de las que ustedes forman parte, a diferencia de muchos otros ejércitos en el mundo, no vienen de las élites, sino que tienen un origen popular y este se ha mantenido hasta nuestra fecha. Por eso coincido cuando el presidente López Obrador dice: «La soldada, el soldado, el Ejército mexicano es pueblo uniformado». Y eso no solo es un orgullo, sino que es una fortuna.

La historia siguió su camino y de 1983 al 2018 se instauró en México el llamado «modelo neoliberal», que significó la presencia de gobiernos al servicio de unos cuantos, se empobreció a nuestro pueblo, aumentaron las desigualdades y la violencia.

Pero en 2018, el pueblo, por la vía pacífica y electoral, dispuso iniciar una nueva transformación bajo el liderazgo del presidente Andrés Manuel López Obrador. Con él llegaron nuevos derechos sociales como la pensión universal al adulto mayor y obras públicas estratégicas para el desarrollo del país, como el Tren Maya.

En esta nueva etapa también se creó la Guardia Nacional para proteger al pueblo de México y construir paz y seguridad. Este modelo ha tenido como base erradicar la corrupción y los privilegios, y ha dado resultados, pues han disminuido la pobreza y las desigualdades y hay una ruta de desarrollo con prosperidad compartida para nuestro país que se basa en el principio de «Por el bien de todos, primero los pobres».

A esta era le llamamos la Cuarta Transformación y tiene una forma de pensamiento: el humanismo mexicano. Junto a esta transformación pacífica y por la vía electoral han estado también la Secretaría de la Defensa Nacional y la Secretaría de Marina, con sus secretarios, leales y cooperando con el poder civil, caminando de la mano del comandante supremo de las Fuerzas Armadas y apoyando en las nuevas tareas que se les han encomendado, como la construcción de obras y tecnologías para el desarrollo de la nación.

En el documental que recientemente fue estrenado en redes sociales, de Epigmenio Ibarra, sobre el Tren Maya, el general secretario Luis Cresencio Sandoval dice algo muy importante que les cuento:

> Estas obras son oportunidades de servir a México de una manera diferente. Acercan al Ejército a sus orígenes, a ser más humanos, a cumplir con la sociedad, a que la sociedad no vea a un soldado del aire o a un soldado de tierra con temor, porque no trae un arma en la mano, sino que ve a un soldado que le ayuda, que ayuda a salir de alguna necesidad; es una manera diferente de servir a nuestro país, en la que las Fuerzas Armadas se han preparado, también, durante mucho tiempo.

También vemos a las y los soldados, a las y los marinos y ahora a las y los guardias nacionales salvando y protegiendo a la población en sinnúmero de situaciones de desastre. El apoyo de las Fuerzas Armadas, cuidando, protegiendo y vacunando durante la pandemia de COVID-19 lo lleva el pueblo de México en su corazón.

Este origen y ese humanismo, como el del general Felipe Ángeles, le da a las Fuerzas Armadas mexicanas una tradición civilista, es decir, la obediencia de nuestras Fuerzas Armadas al mando civil elegido o elegida por el pueblo y reconocido por las instituciones civiles.

Honrosamente, nuestras Fuerzas Armadas siempre han obedecido al mando civil que establece la Constitución Política. Desgraciadamente, no siempre este mando civil actuó de manera correcta, pues en más de una ocasión violentó leyes y derechos humanos que debería haber respetado irrestrictamente.

En unos cuantos días recibiré la banda presidencial del presidente López Obrador en una ceremonia republicana, después de haber sido electa por el pueblo de México el pasado 2 de junio. Orgullosamente, es la primera vez que México tendrá una mujer presidenta y, por tanto, una comandanta suprema de las Fuerzas Armadas.

Ello también refleja la profunda transformación que está viviendo nuestro país. También en este sexenio las Fuerzas Armadas han visto más mujeres participar en todos los ámbitos y estoy segura de que seguirá así. Porque las mujeres tenemos capacidad, voluntad y no somos menos que los hombres.

Aprovecho, recordando el origen de las Fuerzas Armadas, para mencionar, por ejemplo, a Adela Velarde Pérez, que comenzó como enfermera durante el movimiento revolucionario, pero que posteriormente formó un grupo armado de mujeres que conocemos como Las Adelitas.

En esta nueva etapa de la transformación, con honestidad, amor al pueblo y a nuestra patria, nos tocará juntas y juntos seguir fortaleciendo la paz y la seguridad, y atender siempre con humanismo, disciplina y valor los problemas que tengamos que afrontar.

Seremos perseverantes en la lucha contra el clasismo, el racismo, el machismo y cualquier forma de discriminación. Es decir, haremos de México un país todavía más próspero, justo e igualitario, y seguiremos engrandeciendo la dignidad y el orgullo de ser mexicanas y mexicanos.

Sepan que vamos a hacer un gobierno honesto, íntegro, que dará orgullo a nuestro pueblo. Y de algo pueden estar seguros, pues por nuestro origen humanista, por el profundo respeto que tengo a nuestras Fuerzas Armadas, nunca emitiré orden alguna que vulnere el orden constitucional o los derechos humanos de nuestro pueblo.

Ya termino con lo siguiente. Feliciten de mi parte a sus familias. Díganles a sus madres que dice la presidenta electa que tienen hijos e hijas grandiosos que harán cosas extraordinarias, porque estamos viviendo tiempos virtuosos con Fuerzas Armadas humanistas, visionarias y ejemplares.

¡Que vivan las Fuerzas Armadas! ¡Que viva México!

Viernes 13 de septiembre. Ciudad de México

El día de los Niños Héroes de Chapultepec, el presidente López Obrador, con la generosidad que lo caracterizó siempre, me invitó a acompañarlo en el vehículo militar que sale de la Puerta de los Leones al monumento a los Niños Héroes. Esta ceremonia es muy emotiva. El presidente va nombrando uno a uno a los cadetes caídos: «¡Cadete Juan Escutia!; ¡cadete Agustín Melgar!; ¡cadete Juan de la Barrera!; ¡cadete Vicente Suárez!; ¡cadete Francisco Márquez!; ¡cadete Fernando Montes de Oca!».

En respuesta a cada nombre, los cadetes del Colegio Militar corean al unísono: «Murió por la patria».

Cuando escribo este episodio de la gira me viene a la mente que, durante el periodo neoliberal, se dejó de venerar a muchos héroes y heroínas de nuestra historia; incluso en los libros de texto desaparecieron personajes fundamentales y simbólicos de la vida de México, entre ellos, los Niños Héroes de Chapultepec. En el fondo, lo que se pretendía era borrar la memoria histórica de actos heroicos en defensa de la patria frente a las intervenciones extranjeras. Si los niños y niñas no aprenden del heroísmo de sus semejantes y no reconocen en el amor a la patria uno de los elementos cívicos más importantes, perderán el sentido incluso de ser mexicanos y la profundidad de la defensa de la nación.

Al evento asistieron Beatriz, Rosa Icela, Luisa María Alcalde y Martí Batres.

Terminando el homenaje subí a la camioneta del presidente para dirigirnos al aeropuerto de la Ciudad de México con destino a Villahermosa, Tabasco, su estado natal. Nos acompañaron el almirante secretario y el almirante Raymundo Morales, quien, además de ser el encargado de la construcción y operación del Tren Interoceánico, es la persona que elegí para sustituir al almirante Rafael Ojeda como secretario de Marina.

También iba Gonzalo, hijo del presidente, a quien conozco desde que estuvimos en el Gobierno de la Ciudad de México. Es el menor de sus tres primeros hijos. Ellos han vivido situaciones muy difíciles no solo porque su madre falleció cuando eran pequeños, sino también por la persecución política que les ha tocado enfrentar. Cada uno tiene un carácter muy templado, aunque diferente. Me dio gusto que nos acompañara.

Llegamos a Villahermosa y nos trasladamos en camioneta hasta Teapa. Ahí nos encontramos con el gobernador de Tabasco, Carlos Merino, y con el gobernador electo, Javier May. Había mucha gente en la estación del tren esperándonos. Saludamos.

Subimos al Tren Interoceánico en un recorrido de cerca de dos horas y media para dirigirnos a Palenque. Este tramo del tren va de Coatzacoalcos a Palenque y es la estación de enlace con el Tren Maya, tanto para pasajeros como para carga.

Nos acompañaron representantes de las empresas constructoras. Varias veces salimos a saludar por la ventana. Es una alegría conmovedora. El tren es nostalgia, pues por esas mismas vías abandonadas, después de décadas, vuelve a pasar el convoy, y es futuro, es esperanza, es belleza, es conectividad, es prosperidad.

En Palenque cortamos el listón de la estación Pakal-Ná. Subimos a la camioneta y entonces viví otro momento memorable. El presidente me pidió que lo acompañara a conocer su casa: sí, ahí, La Chingada. Es un lugar muy bello, rodeado de vegetación. Me habló de los árboles que sembraron su padre y su madre; y de los que él ha ido sembrando con el paso del tiempo. Al fondo, hay una pequeña casa muy acogedora. Me mostró el cuarto donde se va a dedicar a escribir.

Caminamos a lo largo del terreno mientras me contaba cómo imaginaba que serían sus días. Una vez más agradecí que compartiera conmigo algo tan íntimo. Ahora debo confesar que no me reveló nada que no conociera ya el pueblo de México, pues varias veces lo platicó en su mañanera. Se necesita mucho sentido de la historia para tomar la decisión de retirarse de la vida pública después de ser un dirigente tan importante y querido.

La tarea que viene es diferente a otros momentos de transición de la historia de México. Somos parte del mismo movimiento, pero, por supuesto, cada uno tiene su formación. Él ha hablado de continuidad con cambio. Para mí, es el segundo piso de la Cuarta Transformación. Partir de lo que se ha logrado y seguir avanzando.

Salí de ahí con mucho ánimo y con certeza de lo que viene.

Sábado 14 de septiembre. Chiapas

El presidente me invitó a desayunar en su casa con su hijo Gonzalo, además de Daniel. De ahí nos dirigimos al evento para conmemorar los 200 años de la incorporación de Chiapas a México. Es una bella historia. La compartí en mi discurso de ese día que, debo ser muy franca, le pedí a Zoé Robledo que me diera algunas ideas. Aquí transcribo algunos párrafos.

> Durante los 300 años de invasión colonial, la provincia de Chiapas, junto con las de San Salvador, Comayagua (hoy Honduras), Nicaragua y Costa Rica formaron parte de la capitanía general de Guatemala.
>
> El 28 de agosto de 1821 fue la primera vez que el cabildo de Comitán tuvo la osadía de declarar la independencia de la ciudad,

de la Corona española, pero no para unirse al ámbito centroamericano al que habían pertenecido durante tres siglos, sino para declararse parte del entonces Imperio mexicano.

En el Acta de Independencia de Comitán se lee: «Los loables sentimientos que animaron a los mexicanos a reclamar sus derechos a España son los mismos que generalmente nos animan y compelen a recordar y reconocer que tenemos igual e indubitable derecho».

[...] Esa fue la primera vez que las y los chiapanecos se declararon libres y también mexicanos. ¿Por qué lo hicieron? Porque para la mayoría del pueblo, vivir bajo el peso de la Corona española era verdaderamente insoportable.

En el libro *La muerte del tigre,* de Rosario Castellanos, nos habla del pueblo de los Bolometic, y de ellos dice: «Despojados, sujetos a cárcel y esclavitud, huyeron de sus propias tierras para iniciar una vida precaria en la que el recuerdo de las pasadas grandezas fue esfumándose».

[...] El 14 de septiembre se levanta el acta de la Junta Provisional de Chiapas en donde quedó asentado que los pueblos de este estado habían manifestado su voluntad con el siguiente resultado: 15 724 almas optaron por mantenerse como nación libre y soberana, 60 400 por unirse a Guatemala y 96 829 a favor de unir su destino al de México. Es así como se firma el Acta del pronunciamiento solemne de Federación del Estado Libre de Chiapas a la nación mexicana.

Las y los chiapanecos abrazaron con fuerza la causa de ser parte de México y Chiapas se incorporaba a una idea naciente de patria amenazada por varios frentes en aquel siglo XIX. Fue una decisión colectiva que le apostó a un proyecto de nación. Aún no había reglas claras, la Constitución federalista de 1824 sería promulgada hasta el 4 de octubre, semanas después.

Pero el pueblo de Chiapas abrazó una propuesta de independencia y libertad; se sumaron a la construcción de una nueva nación,

> que en más de una ocasión defendieron a lo largo de las otras transformaciones. [...]
>
> Y quiero decirles que nada nos detendrá. Es mi mensaje y compromiso con las niñas y adolescentes de Chiapas: seguir luchando juntas y juntos por la felicidad del pueblo de Chiapas y de nuestro pueblo.
>
> Hoy Chiapas está al tiempo de la República. Hace tan solo un día, en Tuxtla, el Congreso del estado sesionó para ratificar la reforma constitucional para que haya democracia en el Poder Judicial.

Por su parte, en su discurso, el presidente apuntó:

> Está terminando mi mandato como presidente de México. Me siento muy contento, muy orgulloso de haber encabezado este movimiento de transformación que hicimos entre todos, millones de mexicanos, mujeres, hombres, que participamos en la Cuarta Transformación y lo hicimos desde abajo, nada de que fue con alianzas con oligarcas, con los que se sentían dueños de México. No. Lo hizo el pueblo, por eso este es un movimiento eminentemente democrático.

Al finalizar el evento nos dirigimos hacia el Tren Maya con dirección a Calakmul, una de las ciudades del mundo maya más extraordinarias. Este lugar, patrimonio cultural de la humanidad, está lleno de pirámides y estructuras que datan desde el año 250 de nuestra era; fue el centro del llamado Reino de la Cabeza de Serpiente, que conjuntaba diversos sitios de las Tierras Bajas Mayas.

Está envuelto por el bosque tropical que fue decretado reserva de la biósfera en 1989, con 723 000 hectáreas. Para protegerlo aún más, el 1.º de septiembre de 2023, el presidente López Obrador amplió el área natural protegida de la región Gran Calakmul con los decretos de las Áreas de Protección de Flora y Fauna Balam-Kin y la Reserva de la Biosfera Balam-Kú, así como con la modificación del decreto de la Reserva de la Biosfera Calakmul para alcanzar poco más de 1.5 millones de hectáreas protegidas.

Cerca de la entrada al sitio arqueológico, en lo que había sido un campamento chiclero ya impactado ambientalmente, se construyó —sí, por parte de los ingenieros militares— un hotel que será operado por la empresa de la Sedena, GAFSACOMM. Es un lugar deslumbrante.

El Tren Maya es un proyecto integral que tiene como objetivo promover el turismo y el desarrollo con justicia, mientras se protege el medio ambiente. México es glorioso y grandioso. Su historia milenaria refleja nuestra riqueza cultural que permite transformar la realidad presente. El humanismo mexicano es, en esencia, un proyecto cultural que alcanza todos los rincones de la vida pública para construir justicia y esperanza a partir de nuestra memoria histórica. Esa riqueza vive en el Tren Maya. Andrés Manuel López Obrador soñó con mostrar a todas y todos, en México y en el mundo, nuestro origen y la grandeza de esta nación. Su sueño es el sueño de millones que amamos la tierra donde nacimos y deseamos una vida con bienestar y felicidad para el pueblo de México.

Descansamos en este hotel. No les he comentado hasta el momento, pero todas las noches de gira, en cuanto me cambiaba y me disponía a descansar, llamaba a mi esposo. A veces nos quedábamos platicando media hora o más sobre lo que habíamos hecho en el día. También aprovechaba para hablar con mis hijos y con mi familia. Escribía notas sobre lo vivido. Fueron momentos que me ayudaron a atesorar cada jornada.

Domingo 15 de septiembre. Campeche y Ciudad de México

Despertamos y desayunamos en el restaurante del hotel con la querida Layda Sansores. De ahí nos dirigimos al sitio arqueológico de Calakmul, donde se hizo una pequeña asamblea.

Al caminar por Calakmul, se escucha a los saraguatos. Es un aullido que se oye a kilómetros de distancia y con el que marcan territorio. Con la pirámide como telón de fondo, se desarrolla el emotivo mitin.

Terminó la asamblea, nos despedimos de Layda y nos dirigimos en helicóptero hacia Campeche. Ese vuelo quita el aliento: es un mar verde de selva. En el trayecto, sobrevolamos la ciudad maya de Xpujil. Brillan las piedras de caliza en medio del verde intenso del bosque tropical. Al llegar, abordamos un vuelo rumbo a la Ciudad de México.

Nos dirigimos a Palacio Nacional. Ahí, el presidente AMLO firmó el decreto para hacer realidad la reforma al Poder Judicial y proceder a la elección popular de las y los jueces, magistrados y ministros de la Suprema Corte de Justicia de la Nación. Es una de las reformas más profundas de la Cuarta Transformación. Grabamos un mensaje juntos.

Transcribo parte del mensaje:

> Que se acabe la simulación porque se hablaba de que vivíamos en democracia, pero no. Dominaba una oligarquía, eran los que mandaban, los de mero arriba con fachada de democracia, había simulación. Ahora es distinto. Ahora sí es el pueblo el que manda, el pueblo es el que decide y se lleva a la práctica lo que establece el artículo 39 de nuestra Constitución: que el pueblo tiene en todo momento el derecho de cambiar la forma de su gobierno, el poder dimana del pueblo, dice la Constitución, y se instituye en su beneficio.

«Con el pueblo, todo; sin el pueblo, nada», cerré con esa poderosa frase de Juárez.

México ya cambió para bien. Porque así lo decidió nuestro bendito pueblo. Y ese cambio ya nadie lo detiene, porque está escrito en la voluntad colectiva de una nación despierta.

Tomé camino hacia mi casa en Tlalpan para cambiarme y regresar con Jesús a la ceremonia del Grito de Independencia, nuevamente en Palacio Nacional.

El último Grito de Independencia del presidente AMLO fue una fiesta popular, llena de alegría y melancolía. Estuve presente en cinco de los seis gritos de Independencia. Solo falté en 2023, poco después de haber ganado la encuesta de nuestro movimiento, pues ya no era servidora pública.

Nos colocaron en el segundo balcón a la izquierda del presidencial. Estuve con Jesús, mi esposo. Al final del grito, después de los fuegos artificiales, la gente coreaba: «¡No te vayas!», y él nuevamente, generoso, me señaló. Regresé la señal: «Es él». Yo solo le devolví el gesto. Él es el origen. Nosotros, la continuidad.

Lunes 16 de septiembre

Día del desfile militar. El presidente me invitó a bajar juntos desde Palacio Nacional y salir por la puerta principal, junto con Beatriz. Me preguntó si quería acompañarlo en el vehículo militar para hacer la salutación a las Fuerzas Armadas. Le agradecí y mencioné que era su espacio, que ya habría tiempo para el mío. Subí al templete junto con su gabinete.

El desfile militar del 16 de septiembre es una de las tradiciones en México. En el primer año de su gobierno, AMLO lo contempló desde el balcón presidencial. El Ejército mexicano, la Fuerza Aérea, la Marina, la Armada de México y la Guardia Nacional son de las instituciones mejor evaluadas en las encuestas. Con el presidente López Obrador se fortaleció la aprobación ciudadana. Combaten la delincuencia, pero también apoyan en desastres y tienen una intensa participación en las obras de infraestructura; durante la pandemia, distribuyeron vacunas y, además, se consolidó la creación de la Guardia Nacional. Fue su último desfile como comandante supremo de las Fuerzas Armadas y el inicio simbólico de un nuevo capítulo en la historia de México.

Viernes 20 de septiembre. El Tren Maya

Es nuestro tercer viaje juntos en el Tren Maya. En esta ocasión volamos a Cancún y subimos al tren para viajar a Chichén Itzá. Como despedida, el presidente invitó a todos los gobernadores constitucionales y electos de nuestro movimiento y a sus parejas. Me acompañó Jesús.

La idea era visitar el sitio arqueológico de Chichén Itzá. Sin embargo, se soltó una lluvia tremenda y solo comimos en el nuevo hotel que también construyeron los ingenieros militares y que opera la empresa GAFSACOMM.

Visitamos todos los vagones para platicar con las y los gobernadores. En efecto, como me dijo un día, somos una hermandad de millones, pero contamos con una dirigencia forjada desde hace años. Luchamos juntos y seguimos juntos la mayoría de nosotros.

Hay muchos que traicionaron la confianza no solo de López Obrador, sino del pueblo. Durante los periodos más difíciles que estuvimos en la oposición, varios dirigentes no aguantaron estar lejos del poder y fueron abandonando el movimiento, traicionando. Muchos nos mantuvimos y otros fueron incorporándose. Dice AMLO en su libro *¡Gracias!:* «Los políticos no se dividen entre buenos y malos; se distinguen, sobre todo, por su forma de actuar en determinadas circunstancias». En efecto, respecto a aquellos que no son leales al movimiento, es importante actuar con cautela, con información, con principios, pero siempre de buena fe. Eso sí, nunca estamos vacunados frente a la traición. La convicción profunda es el mejor antídoto frente a la deslealtad.

Regresamos en el tren a Mérida para descansar.

Sábado 21 de septiembre. Mérida, Ixtepec y Ciudad de México

Viajamos en avión de Mérida a Ixtepec, Oaxaca, y ahí abordamos el helicóptero de la Fuerza Aérea para aterrizar en la obra del túnel falso de la carretera Mitla-Tehuantepec, que en ese momento se encontraba en construcción. El puente y los túneles muestran que la ingeniería civil mexicana está entre las mejores del mundo. El presidente me encargó mucho que se terminara la carretera. Fue inaugurada el 24 de enero de 2025.

De ahí nos trasladamos a Guelatao, Oaxaca, a inaugurar un camino artesanal para peatones y bicicletas que sigue el recorrido que hizo Benito Juárez en su infancia, desde su pueblo natal a la ciudad. Es una obra que combina paisaje, belleza, historia y alegría popular. Estaba presente Adelfo Regino, director del Instituto Nacional de Pueblos Indígenas, a quien invité a continuar trabajando con nosotros.

La historia de Benito Juárez es conocida por todas las y los mexicanos. En su libro *Apuntes para mis hijos*, narra su historia y cuenta cómo quedó huérfano a los tres años y cómo un tío lo cuidó y le fue enseñando algunas palabras del español, así como a leer y a escribir. El deseo de Benito de estudiar lo llevó a la ciudad de Oaxaca. Ese camino marcó el inicio de la historia de un héroe, un pensador, un gran político y un patriota con profundo amor por el pueblo.

Nuestro movimiento tiene mucho del pensamiento de Juárez, traducido por Andrés Manuel López Obrador al contexto actual: la austeridad republicana expresada en frases juaristas como «No puede haber gobierno rico con pueblo pobre» o «Nunca abuses del poder humillando a tus semejantes, porque el poder termina y el recuerdo perdura».

En el mitin, AMLO cerró con una frase sencilla pero poderosa: «Estoy enamorado de Oaxaca». Ya he mencionado el impacto que tuvo en él recorrer todos los municipios de la entidad. Quien lo acompañó en aquel recorrido fue Salomón Jara, el actual gobernador. En Oaxaca habitan pueblos mazatecos, zapotecos (del Istmo, Valles Centrales y Sierra Norte), mixtecos, triquis, huaves, chontales de Oaxaca, ixcatecos, chocholtecos, tacuates, chatinos, cuicatecos, mixes y chinantecos. Cada pueblo conserva su lengua, cultura, arte, formas organizativas y de cultivo, trabajo comunitario y propiedad común de la tierra.

De Oaxaca son el gran Benito Juárez y los hermanos Flores Magón, precursores de la Revolución mexicana. En ese territorio se respira y se vive la lucha por la justicia y la resistencia de los pueblos originarios del México profundo, que son fundamento de la nación actual. Pensar el presente y el futuro sin incluir ese conocimiento ancestral y sin tomar en cuenta esa riqueza política y cultural sería negarnos a nosotros mismos. Desde Oaxaca, el legado de Juárez y de los pueblos originarios nos sigue marcando el camino.

Esa noche Jesús y yo regresamos a la Ciudad de México mientras que López Obrador continuó hacia Veracruz. Al día siguiente asistí al Congreso Nacional de Morena, donde se eligió la nueva dirigencia y se formalizó mi separación temporal del partido que fundamos y del cual me siento profundamente parte.

Domingo 22 de septiembre. VII Congreso de Morena, Ciudad de México

El Congreso se llevó a cabo en el World Trade Center con el objetivo de elegir a la nueva dirigencia de nuestro movimiento. Estoy a favor del relevo generacional. Finalmente, resultaron electos Luisa María Alcalde Luján como presidenta —quien fue la última secretaria de Gobernación de AMLO—, Carolina Rangel Gracida como secretaria general y Andrés Manuel López Beltrán como secretario de organización.

Nuestros adversarios cuestionaron si el nombramiento de Andrés, hijo del presidente, buscaba garantizar la continuidad. La realidad es que Andrés López Beltrán desde siempre hizo trabajo político en apoyo de su padre y nunca ocupó un espacio en el partido o en algún gobierno, por respeto a la responsabilidad histórica de su padre. Ahora que el presidente se retira de la vida pública, su hijo ha decidido participar de forma abierta. De cualquier manera, el legado de AMLO es de todo el pueblo de México, no pertenece ni a mí ni a sus hijos ni a sus nietos; es de los millones de personas que cambiaron la vida pública del país.

Nos reunimos desde temprano con las y los gobernadores. El ánimo era de respaldo y entusiasmo, conscientes del momento histórico que nos toca vivir. Ingresamos al salón del Congreso; había mucha expectativa. Alfonso Durazo, gobernador de Sonora y presidente del Consejo Nacional del partido, tomó la palabra y leyó una carta de AMLO. Transcribo aquí el fragmento final:

> Me retiro de la política, de la vida pública y de la militancia partidaria con un enorme agradecimiento al pueblo y, en particular, a ustedes, mis compañeras y compañeros, que con tanta convicción me sostuvieron y me ayudaron como dirigente y como gobernante.
>
> Mi tarea está por concluir en unos días, pero este gran partido tiene mucho camino por delante. Antepongan siempre el interés de México y las necesidades de la gente a los afanes y las rencillas personales; fortalezcan la hermandad, el compañerismo y la institucionalidad en el partido; mantengan siempre la unidad, la humildad y la honestidad; no permitan que los antiguos vicios y perversiones de la política florezcan en nuestras filas; eviten la prepotencia, la búsqueda del poder por el poder, la soberbia, la corrupción, el nepotismo y el sectarismo; no roben, no mientan, no traicionen nunca al pueblo y sigan construyendo la nación soberana, democrática, justa, libre y amorosa que imaginamos cuando empezamos nuestro caminar.

Posteriormente, intervinieron Mario Delgado y Citlalli Hernández, presidente y secretaria general del partido en ese momento, así como representantes de los partidos aliados. Cuando llegó mi turno, me dirigí al Congreso con un mensaje que preparé con profundo respeto y convicción. Pronuncié este discurso:

> Hoy es un día especial en la historia de nuestro hermoso país e indivisiblemente de nuestro movimiento. Se trata de la celebración del Congreso de nuestro partido, a unos días de que termine el mandato del mejor presidente, Andrés Manuel López Obrador, y comen-

cemos una nueva etapa de la transformación de la vida pública de México, la del segundo piso de la Cuarta Transformación. Somos varias generaciones que hemos convivido y seguido a un hombre que nos enseñó, como los grandes de nuestra historia, a no rendirnos, a no claudicar en la defensa de nuestro pueblo y nuestra nación. De un hombre que, en su humildad, siempre ha sido grande, que es principios, pensamiento, acción, convicción y visión.

Hace años que Andrés Manuel López Obrador se ganó el corazón del pueblo y lo conservó y conservará siempre, porque no solo no traicionó nunca su confianza, sino que cumplió como dirigente y cumplió con creces como presidente. En el proceso, supo empoderar y recuperar la dignidad de nuestro pueblo y, con ella, la de nuestra patria. Por eso nos da orgullo y emoción gritar siempre la consigna que surgió en aquel plantón de Reforma para exigir pacíficamente democracia y luchar contra el fraude electoral: «Es un honor estar con Obrador».

En esta nueva etapa nos toca a todas y todos guardar su legado. Tenemos sus libros, discursos, documentales, mañaneras y su enseñanza cotidiana.

Además, sabemos que se retira de la vida pública, pero seguirá aportando a la transformación desde la reflexión y el pensamiento, pues en unos años estaremos leyendo su nuevo libro acerca de la grandeza cultural de nuestro prodigioso país. Desde aquí, te decimos: «Presidente, gracias por siempre».

Recordemos todos y todas que Morena, nuestro partido, fue concebido en un momento histórico muy especial. Iban a desarrollarse las elecciones de 2012 y Andrés Manuel López Obrador tuvo la visión de que era necesaria una nueva organización política, así Morena se constituyó como organización en el año 2011 e inició su etapa de construcción como partido político con registro en noviembre de 2012.

Recordemos ese momento. Después de la compra masiva de votos en la elección presidencial de ese año, casi todos los partidos políticos deciden firmar el llamado Pacto por México que llevó a las llamadas «reformas estructurales»: la educativa, por ejemplo, que tuvo como fin la privatización de la educación pública, y la energética, que llevó a la entrega de nuestro petróleo y energía eléctrica a empresas privadas y extranjeras.

Mientras se hacían acuerdos de cúpulas en contra del pueblo y de la nación, algunos decidimos caminar en la construcción de una nueva organización política. El objetivo siempre fue transformar a México por la vía pacífica y electoral para dejar atrás el modelo neoliberal y construir el bienestar y la felicidad de nuestro pueblo por la vía democrática y pacífica. Con movilizaciones y argumentos, luchamos en contra de lo que fue el último tramo del régimen de corrupción y privilegios y, al mismo tiempo, conformamos Morena, Movimiento de Regeneración Nacional. En 2014 se obtuvo el registro.

En la primera elección en la que participamos —fue la de 2015, hace tan solo nueve años—, obtuvimos el 8% de la votación nacional; tres años después se conquistó la Presidencia de la República.

Sí, después del fracaso de las llamadas «reformas estructurales», en 2018, el pueblo de México tomó conciencia y dijo «Basta», y llevó a Andrés Manuel López Obrador a la Presidencia de México con el objetivo de iniciar la Cuarta Transformación de la vida pública por la vía pacífica y democrática. Seis años después podemos decir con certeza que la Cuarta Transformación es una realidad. Nuestro país es más justo, libre, democrático y soberano de lo que era hace seis años.

Es una realidad la pensión universal a adultos mayores, las becas, el apoyo a personas con discapacidad, el programa Sembrando Vida, Jóvenes Construyendo el Futuro, Precios de Garantía, apoyos y fertilizantes gratuitos a pequeños productores, La Escuela es Nuestra y La Clínica es Nuestra, la Guardia Nacional, el IMSS-Bienestar, la refinería Olmeca y Deer Park, el Tren Maya, el aeropuerto Felipe Ángeles y el de Tulum, el Tren Interoceánico y sus 12 Polos de Desarrollo para el Bienestar, plantas de generación eléctrica, la repotencialización de hidroeléctricas, la planta solar más grande de Latinoamérica, planes de justicia para pueblos indígenas, presas, puertos, aduanas, carreteras, caminos rurales y artesanales, infraestructura comunitaria, el fortalecimiento de las empresas energéticas del Estado, la nacionalización del litio, Banco del Bienestar, aumentos salariales, desaparición del *outsourcing*, mejores pensiones, entre muchos otros logros.

Y todo ello, sin haber endeudado al país ni aumentar impuestos, con una pandemia que duró más de dos años y una de las peores crisis económicas, producto de la pandemia. Es una hazaña.

Miren la importancia. Se demostró que es posible un nuevo modelo, que es posible, con base en los pilares de nuestra fecunda historia y en un sentido profundo de justicia social y democracia, construir un México próspero.

Se demostró que, cuando la economía se riega desde abajo y para todos y todas, hay resultados: nueve millones de mexicanos y mexicanas salieron de la pobreza, disminuyeron las desigualdades, somos el principal socio comercial de la mayor economía del mundo, el empleo formal está en cifra récord, la inversión extranjera directa está en cifra récord y el salario medio también en cifra récord.

Hay algo todavía más profundo: se hizo realidad la revolución de las conciencias. El pueblo de México ha sido reconocido con su profunda dignidad e historia; el pueblo de México es trabajador, honesto, grandioso.

Reconocemos a nuestras hermanas y hermanos mexicanos migrantes como héroes y heroínas de la patria, condenamos la discriminación, el racismo y el clasismo y enaltecemos el amor al prójimo como el camino a la felicidad.

Este 2 de junio de 2024, el pueblo de México se expresó libremente en las urnas y tomó nuevamente una decisión histórica: la de continuar con la Cuarta Transformación de la vida pública y elegir por primera vez en 200 años de República a una mujer como presidenta de México. Obtuvimos casi el 60% de la votación y la mayoría calificada en las cámaras de diputados y senadores. Morena y nuestros aliados, nuestro movimiento ha ganado 25 gubernaturas, la Jefatura de Gobierno de la Ciudad de México y la mayoría de los congresos locales.

Gracias a ello, y porque es un mandato popular, inició una nueva etapa de la Cuarta Transformación. Nuestros legisladores aprobaron hace unos días la reforma judicial que representa la construcción de un México más democrático y con acceso a la justicia. La separación del poder económico del poder de la justicia.

Está por aprobarse el reconocimiento pleno de los pueblos indígenas y afromexicanos, la Guardia Nacional y otras reformas que implican dejar atrás el régimen de corrupción y privilegios, y seguir construyendo justicia, democracia y libertad para que quede plasmada en la Constitución de la República.

Estos meses también han sido de un enorme aprendizaje, hemos emprendido con el presidente Andrés Manuel López Obrador la gira histórica de la transición que, como todo en nuestro movimiento, ha estado llena de símbolos. Como ayer, en la última gira por Oaxaca de nuestro presidente, justamente en el lugar de nacimiento de Benito Juárez, inaugurando el Camino de Benito, un sendero artesanal realizado por las comunidades que recuerda la historia del recorrido hacia Oaxaca del niño que después se convertiría en el Benemérito de las Américas. En esta gira he valorado el amor de un presidente por su pueblo y el amor del pueblo a su presidente.

Queridos compañeros, el 1.° de octubre tomaré posesión como presidenta constitucional de los Estados Unidos Mexicanos. Me comprometo con ustedes y con el pueblo de México a que voy a estar a la altura de las circunstancias.

Habrá continuidad en los principios del humanismo mexicano, seguiremos gobernando con el principio de «Por el bien de todos, primero los pobres» y los principios juaristas de que «No puede haber Gobierno rico con pueblo pobre» y que «Con el pueblo, todo; sin el pueblo, nada».

Seguiremos cerca de nuestro pueblo, haremos un gobierno de territorio y nunca nos someteremos a ningún poder nacional o extranjero que no sea el del pueblo de México.

Seguiremos construyendo igualdad y combatiendo cualquier forma de discriminación, en particular el clasismo, el racismo y el machismo. México es grande con una historia y un porvenir extraordinarios.

No aumentarán la gasolina, el diésel, el gas LP ni la electricidad en términos reales.

Continuará el aumento al salario mínimo hasta alcanzar al menos dos y media canastas básicas.

Seguirán todos los programas de Bienestar como derechos y, además, habrá tres nuevos programas: apoyo a todas las mujeres de 60 a 64 años, beca para todos los niños y niñas que van a escuela pública en el nivel básico y Salud Casa por Casa para todas las personas mayores como complemento a la pensión.

Continuaremos con los planes de justicia para los pueblos originarios y afromexicanos y a hacer realidad la reforma constitucional.

Daremos fin a la Usicamm y construiremos un sistema de la mano de las y los trabajadores de la educación que reconozca sus derechos sin caer en viejas prácticas de corrupción.

Ampliaremos el número de escuelas de educación media superior y superior, es decir, más preparatorias y universidades públicas.

Vamos hacia un solo sistema de salud pública gratuito y de calidad.

Construiremos más de un millón de viviendas desde el Infonavit y a través de un nuevo sistema de vivienda popular.

Concluiremos las líneas a Chiapas en la frontera con Guatemala y la línea a Paraíso, Tabasco, del Tren Interoceánico.

Concluiremos el Tren Maya de carga y su derivación al puerto Progreso.

Construiremos 3 000 kilómetros de trenes, el doble que el presidente López Obrador: una línea a Nuevo Laredo y otra a Nogales. Ya recuperamos los trenes de pasajeros.

Seguiremos construyendo carreteras, caminos rurales y artesanales.

Pondremos orden en las concesiones de agua potable y seguiremos ampliando con obras estratégicas la eficiencia en el uso del agua para el riego agrícola.

Continuará el fortalecimiento de la CFE y Pemex, así como la soberanía energética.

Fortaleceremos la soberanía alimentaria.

Seguiremos fortaleciendo la economía nacional; facilitaremos la inversión privada y la relocalización de inversión extranjera, promoviendo el desarrollo regional con bienestar, respetuoso de nuestro medio ambiente, fomentando cadenas de valor y desarrollos tecnológicos propios.

Impulsaremos la ciencia, las humanidades y el desarrollo tecnológico.

Consolidaremos el internet gratuito.

Construiremos un sistema de cuidados para las mujeres y empezaremos en Ciudad Juárez por una deuda histórica.

Atenderemos la violencia contra las mujeres desde sus causas y fortaleciendo la cero impunidad.

Fortaleceremos la creación artística y el deporte.

Garantizaremos la disminución de los delitos de alto impacto con atención a las causas, fortalecimiento de la Guardia Nacional, inteligencia e investigación, y coordinación.

A nuestros legisladores les corresponderá aprobar en el corto plazo las reformas enviadas por el presidente de la República. Será un Congreso que, una vez más, estará haciendo historia.

Hoy también inicia una nueva etapa para Morena. Me corresponde, como debe ser, pedir licencia, pues a partir del 1.° de octubre seré presidenta constitucional y gobernaré para todas y todos los mexicanos.

Por ello, quisiera dejar algunas reflexiones en mi último discurso dirigido a las y los militantes de nuestro partido para la nueva dirección:

1. El valor de la unidad. No creo exagerar al decir que somos el movimiento social y político más fuerte de todo el planeta, porque tenemos un pensamiento claro y principios sólidos. No es trivial la unidad que hemos logrado, miren otros movimientos en el resto del mundo y vean a la derecha en una división interna sustentada en el incumplimiento de pactos sin escrúpulos. Porque la unidad en nuestro movimiento de transformación se construye con base en principios, en las causas por las que siempre hemos luchado, en el reconocimiento de que juntos somos invencibles y, en la madre de todos nuestros anhelos, el bienestar del pueblo de México y el interés supremo de la patria, que están por encima de cualquier interés personal. No apostemos nunca a la división, recordemos —como dice el presidente— que la política es principios y eficacia.
2. Todos los militantes de Morena debemos comportarnos con honestidad y sencillez. La parafernalia del poder es del pasado de corrupción y privilegios, no de Morena. No caigamos nunca en la frivolidad, en el consumismo y la ambición por el poder y el dinero. Morena es el instrumento del pueblo de México; Morena es pueblo.
3. Que nunca se permita el amiguismo, el influyentismo y el nepotismo, ni tampoco el sectarismo o el exceso de pragmatismo sin principios. Morena debe ser luz de honestidad y ejemplo en la sociedad.
4. No seremos un partido de Estado. El Gobierno de la República cumple sus tareas para la transformación del país y el partido

cumple las suyas. Para ello, nuestro partido debe fortalecerse sin caer en burocratismos. La fuerza de Morena es la organización desde abajo, sus comités de base, su contacto permanente con el pueblo, como lo sabemos hacer, casa por casa, entregando el periódico *Regeneración.*

5. Mantengamos fuerte y sólido el Instituto Nacional de Formación Política, que consolide el humanismo mexicano como nuestro pensamiento y que continúe con la revolución de las conciencias. Que no se pierda el aprendizaje de la historia de México, de nuestro movimiento y se consoliden nuestros principios en la militancia para que puedan proyectarse a la sociedad.
6. Somos partido y somos movimiento. La movilización social para defender los derechos del pueblo de México y la consolidación de nuestro pensamiento deben seguir siendo nuestra fortaleza.
7. Garanticemos que los candidatos y candidatas sean decididos por el pueblo a través de las encuestas; esta ha sido una de nuestras grandes fortalezas. Fortalezcamos la comisión de elecciones y garanticemos que la comisión de encuestas realice con transparencia y rigor metodológico la selección de candidatos. Mientras sigan existiendo las y los candidatos plurinominales, garanticemos que sean emanados de tómbolas en el marco de los estatutos de nuestro partido.
8. Los gobiernos emanados de Morena deben garantizar la austeridad republicana, la cercanía con el pueblo y el principio de «Por el bien de todas y todos, primero los pobres».
9. No puede haber colusión con la delincuencia organizada ni de cuello blanco.
10. Luchemos siempre contra la discriminación, el racismo, el clasismo y el machismo. Tengamos la certeza de que somos un instrumento del pueblo para seguir empoderándolo y, con ello, garantizar la transformación de México para alcanzar más justicia.

¿Qué nos distingue a nosotros? ¿Qué somos? Humanistas que amamos nuestra patria y tenemos un profundo amor al pueblo de México y a nuestra historia. Nos indigna la discriminación, el clasismo, el racismo, el machismo, la desigualdad y la pobreza; lucharemos hasta el último día de nuestras vidas porque las y los mexicanos puedan comer tres veces al día de forma saludable, puedan tener acceso a la educación, a la salud, al vestido y a la vivienda. No creemos en el consumismo, el poder del dinero, la avaricia y no, no nos arrodillamos frente al poderoso.

Creemos en un México de libertades, de justicia, un México soberano, de democracia verdadera, donde el que mande sea el pueblo de México.

Creemos que la prosperidad es compartida o no es prosperidad; creemos y anhelamos el bienestar y la felicidad del pueblo de México; creemos que «Por el bien de todos, primero los pobres».

Somos mexicanos y mexicanas que seguimos convocando a consolidar el renacimiento de México y a no perder, sino, por el contrario, avivar, aún más, la llama de la esperanza.

Ánimo, las y los convoco a que sigamos haciendo historia.

Cuando terminé, el ambiente era de entusiasmo. Me despedí con gratitud. En ese momento ya no me correspondía participar en la elección de la nueva dirigencia. El relevo había comenzado, y con él, una nueva etapa para nuestro movimiento.

Lunes 23 de septiembre. Sabinas, Coahuila

Salimos de Palacio Nacional después de la conferencia mañanera del presidente para dirigirnos a Sabinas, Coahuila. Nos acompañó Beatriz. La reunión con los familiares tuvo como propósito ratificar el compromiso de continuar la búsqueda de los mineros hasta encontrar al último.

De ahí partimos a Tamaulipas para depositar los restos de Catarino Garza en su natal Matamoros. Nos recibió el gobernador Américo Villarreal y, junto con él, nos dirigimos al evento donde estuvieron presentes familiares del revolucionario.

AMLO escribió un libro sobre Catarino Garza, quien luchó contra la dictadura de Porfirio Díaz desde 1887. Llevó parte de su lucha a Estados Unidos, donde fue brutalmente reprimido por el Ejército, por lo que se trasladó hacia Centroamérica. En lo que hoy es Panamá, entonces parte de Colombia, Garza se unió a un levantamiento revolucionario en ese país. Fue asesinado mientras intentaba liberar prisioneros en Bocas del Toro el 8 de marzo de 1895.

Durante su presidencia, AMLO impulsó una búsqueda con apoyo del Gobierno panameño hasta que localizó parte de sus restos. Fueron repatriados y colocados en un monumento a la entrada de Matamoros, su tierra natal.

Ese lunes participé en el homenaje. En mi intervención, expresé mis convicciones y mi sentir hacia esta situación:

> Los héroes, heroínas, monumentos, estatuas y nombres de calles que se recuperan en uno y otro momento de la historia son legados que dejamos para futuras generaciones. Son marcas históricas que deben hacernos recordar dignamente nuestro pasado. La memoria histórica que buscamos preservar no puede ni debe ser solamente una visión mitificada, única, pues responde muchas veces a la visión del mundo que queremos transmitir y en la que creemos. El silencio histórico es una forma de sometimiento que muchas veces, si se mantiene en el olvido, aniquila y determina el presente y el futuro. El silencio histórico, el no reconocimiento de héroes y heroínas que dieron su vida en contra del autoritarismo, el entreguismo y por los derechos inalienables de un pueblo se vuelve un ancla en el desarrollo de los pueblos que invita a la complicidad y dificulta el cambio.

Por ejemplo, ¿qué habría pasado si el presidente no hubiera reconocido las atrocidades del Porfiriato contra el pueblo yaqui? ¿Habría otorgado perdón e iniciado un plan de justicia? Pues se hubiera quedado escondido y no podríamos haber iniciado una etapa nueva.

¿Qué sería de nosotros si no hubiésemos iniciado una lucha permanente por recuperar los vestigios arqueológicos que se encontraban en otros sitios sin saber por qué?

¿Qué habría pasado si siguiéramos permitiendo el plagio de diseños de artesanas mexicanas?

¿Qué sería de nosotros si no hubiésemos cambiado el nombre de Puente de Alvarado, quien ordenó la masacre del Templo Mayor, por México-Tenochtitlan, en la Ciudad de México?

Reconocer a Catarino Erasmo Garza Rodríguez, traer sus restos y dar a conocer su historia es la reivindicación de una figura histórica que quiso ser olvidada. Este homenaje implica dejar como legado una visión de que la memoria histórica coloca en el centro a un revolucionario del pueblo que luchó en contra de la discriminación de los mexicanos en Estados Unidos, por la libertad de expresión en contra del régimen porfirista autoritario y la no reelección y, por si fuera poco, un internacionalista que, donde estuvo, promovió independencia y libertad.

Con el reconocimiento que se hace el día de hoy y el trabajo histórico de reivindicar su nombre y traer a México sus restos, el silencio histórico se vuelve voz, el silencio histórico se transforma en camino y en posibilidad futura. El cambio de énfasis que implica este monumento nos ayuda a recordar el origen, nuestro origen, y las luchas de nuestro pueblo, y la importancia del reconocimiento y la búsqueda de nuestra memoria histórica.

Es una responsabilidad ética replantearnos el pasado para transformar las injusticias del presente. Como ha hecho el presidente a lo largo de su vida y en estos últimos seis años, la transformación tiene que ser de raíz y por eso recolocamos la mirada histórica.

Reivindicar nuestra historia desde las culturas indígenas que moldean nuestra forma de ser como mexicanos y mexicanas, así como recuperar la fecunda historia política de héroes y heroínas conocidos hasta ahora, y a otros que nos falta por conocer, como Catarino Garza, es un valor más de la Cuarta Transformación, que nos da identidad y nos hace sentirnos orgullosos de nuestro origen, nuestro pasado, y, por tanto, nos permite construir un porvenir basado en la certeza de nuestra fuerza.

Este monumento recupera la valentía de un héroe mexicano que quedó silenciado por años, que fue vencido pero que nunca se rindió, su legado quedó en la Revolución mexicana, y hoy, en la reivindicación que hacemos de su vida, de sus letras y de sus amores.

La responsabilidad de seguir escarbando en nuestra memoria histórica como nación y como pueblo será también esencia del segundo piso de la Cuarta Transformación, responsabilidad de la que podemos sentirnos muy orgullosos y de la que nos estaremos haciendo cargo.

No hay lugar para el olvido. Y seguiremos pugnando siempre por recuperar nuestro pasado y hacer justicia a las causas justas. Regresamos a la Ciudad de México y nos despedimos.

Martes 24 de septiembre. Inauguración de la Cuarta Sección del Bosque de Chapultepec y del Cablebús

El proyecto cultural más grande del presidente López Obrador fue, indiscutiblemente, la consolidación del pensamiento que arropa a la Cuarta Transformación: el humanismo mexicano.

El segundo, íntimamente vinculado, fue la recuperación de la memoria histórica de nuestro país, así como la repatriación de piezas arqueológicas que permanecían en el extranjero y la lucha por evitar su venta ilegal, una tarea en la que Beatriz, su esposa, tuvo un papel fundamental.

Otro de los proyectos bioculturales más trascendentes fue el proyecto «Chapultepec: Naturaleza y Cultura», diseñado por Gabriel Orozco, el artista mexicano más reconocido a nivel internacional. En este esfuerzo participamos la Secretaría de Cultura del Gobierno federal y el Gobierno de la Ciudad de México.

Chapultepec es el parque urbano más grande del país, con 700 hectáreas. Muy cerca de ahí, hacia el poniente de la Ciudad de México, había un gran terreno cruzado por dos grandes cañadas del río Tacubaya, bajo resguardo del Ejército mexicano, donde históricamente se había ubicado la industria militar desde la época de Benito Juárez; ahí se fabricaban armas, vehículos y otros artefactos para el propio Ejército.

El Gobierno de Peña Nieto quiso vender este predio federal de 125 hectáreas para hacer un desarrollo inmobiliario, como mencioné antes. Cuando el presidente López Obrador asumió el cargo y yo la jefatura del Gobierno de la ciudad, acordamos que no se vendería y que una parte se donaría a la Ciudad de México para hacer la Cuarta Sección del Bosque de Chapultepec, y otra permanecería bajo el resguardo del Ejército y la Guardia Nacional para su vivienda. Además, a un costado de ese terreno pasaría el tren Toluca-Ciudad de México.

En 2018, antes de iniciar nuestros respectivos mandatos, acordamos que el Gobierno de la ciudad aportaría 500 millones de pesos durante los seis años, y el Gobierno federal aportaría cerca de 7 000 millones. Finalmente, la ciudad aportó 1 000 millones y un predio para el Registro Agrario Nacional en avenida Juárez, y el Gobierno de México financió el resto.

Actualmente, la Cuarta Sección de Chapultepec alberga un parque público nuevo, la Bodega Nacional de Arte y una sede de la Cineteca Nacional, así como una estación del tren Insurgente para las colonias populares y otra del Cablebús que se conecta desde el metro Constituyentes. Chapultepec florece como emblema de que el patrimonio nacional no se vende, se defiende para el pueblo.

Cuando se presentó el proyecto, surgieron críticas, principalmente de la oposición y de algunos medios. Con el paso del tiempo, el proyecto ha sido reconocido incluso por quienes en un inicio lo cuestionaron. Hoy, el Bosque de Chapultepec se ha convertido en un referente de la recuperación del espacio público y de integración cultural, como muchas obras y acciones impulsadas por la Cuarta Transformación.

Ese martes 24 de septiembre acudimos a la entrega final de las obras. Nos encontramos con muchas personas de la comunidad artística que han apoyado el movimiento desde sus inicios: Damián Alcázar, Dolores Heredia, Epigmenio Ibarra, Eugenia León y muchísimos más. Fue un momento profundamente emotivo, una celebración compartida de lo que hemos construido en colectivo.

Regresamos en el Cablebús, el teleférico urbano que por primera vez se implementó en Colombia y en La Paz, Bolivia. Durante mi gestión como jefa de Gobierno construimos tres líneas, las dos primeras para las zonas más pobres de las alcaldías Gustavo A. Madero e Iztapalapa, y esta última, que conecta a las colonias populares de Álvaro Obregón y fortalece el proyecto Chapultepec.

Durante el recorrido, desde el aire, observamos múltiples muestras de cariño. Un grupo de niñas y niños de una primaria formó la palabra *gracias* con sus cuerpos en el patio escolar. Al bajar, pregunté al presidente cómo había vivido el viaje. Me respondió con sencillez: «Muy divertido». En estos días, la alegría convive con una inevitable melancolía.

Subimos a la camioneta de regreso a Palacio Nacional. A lo largo del camino, la gente se acercaba emocionada: «Gracias, cabecita de algodón», «Gracias, *presi*», «Es un honor estar con Obrador». Había filas para saludarlo, abrazarlo, agradecerle.

Llegamos a Palacio Nacional y nos despedimos.

Miércoles 25 de septiembre. Museo Vivo del Muralismo en la SEP

Acudimos a media mañana a la inauguración del Museo Vivo del Muralismo en la Secretaría de Educación Pública, en la calle República de Brasil, en el Centro Histórico. El edificio principal, con acceso por la calle República de Argentina, ocupa el antiguo Convento de la Encarnación, construido entre los siglos XVI y XVII. Tras la Revolución mexicana, se construyó el edificio actual para albergar la secretaría, con su primer titular, José Vasconcelos. Está lleno de murales de Diego Rivera que narran el espíritu del México revolucionario.

Desde el inicio del sexenio, López Obrador solicitó que el Gobierno de la ciudad y la SEP nos coordináramos para abrir este espacio al público. Hoy finalmente se inaugura como museo. Estuvo presente Leticia Ramírez, secretaria de Educación Pública, dirigente histórica del movimiento magisterial democrático y parte de nuestro movimiento desde hace muchos años. La invité a seguir colaborando conmigo desde la Presidencia. Es, además, una mujer generosa y una buena amiga.

Durante el acto, antes del recorrido, aproveché para hablar sobre la carta que publiqué ese día en mis redes sociales en la que reitero la solicitud de disculpa al jefe del Estado español. Dije:

> Traigo a colación este tema por la carta que publiqué hoy en mis redes sociales. Cuando se niega la Corona española al perdón, que engrandece a los pueblos, no los avergüenza, los engrandece, y además no hay una respuesta oficial al presidente de la República, no solamente a Andrés Manuel López Obrador, sino al presidente, representante del pueblo de México, de la nación, pues evidentemente no solo es un agravio al presidente, al hombre, sino al pueblo de México.

Mientras los neoliberales mexicanos se avergonzaban de la historia nacional, «nosotros todo lo contrario, nos sentimos orgullosos de los pueblos originarios, nos sentimos orgullosos de haber aprobado la reforma constitucional para que los pueblos originarios tengan plenos derechos».

La memoria histórica es pilar de soberanía y fundamento de la transformación.

Viernes 27 de septiembre. Guaymas, comunidad de Vícam

Estamos por concluir una gira histórica. Los días se vuelven más melancólicos; una parte de mí desearía que no terminaran nunca. En esta ocasión, regresamos a Sonora, al encuentro con el pueblo yaqui. El propósito fue claro: refrendar el compromiso de dar continuidad al Plan de Justicia para los pueblos yaquis.

De ahí partimos a Sinaloa, rumbo a la zona de riego de la presa «Santa María». Volamos a Mazatlán y después abordamos un helicóptero rumbo a Rosario.

Por esos días, se había desatado un nuevo episodio de violencia en Sinaloa, producto de la ruptura entre dos grupos delictivos que antes operaban como aliados. La captura de Ismael *el Mayo* Zambada, en Estados Unidos, a partir de una traición interna, provocó la confrontación. Nunca se esclareció del todo la participación del Gobierno del país vecino en esa operación.

Destaco la participación de AMLO porque me parece que arroja luz sobre este tema y que deja claro que cualquier decisión que se ha tomado ha sido autónoma e independiente. Además de reflejar la voluntad de todo un pueblo.

> Claudia va a terminar de poner orden en todo el país. Ya lo sintieron en el extranjero, allá en Europa, echándome la culpa a mí. No, si es que ustedes no saben lo que está pasando en México, hay una transformación, hay una auténtica democracia. Ya no es el tiempo

de antes, donde solo dominaba un pequeño grupo que se sentía el dueño del país; ahora es el pueblo el que manda y el pueblo de México decidió que sea una mujer la próxima presidenta.

Quien tomó la decisión de no invitar al rey porque no fue capaz de ofrecer disculpas por todas las atrocidades que se cometieron cuando la Conquista y cuando la colonización, porque es mucha su arrogancia, su prepotencia, y piensan que México sigue siendo colonia y tierra de conquista. Se equivocaron. ¿Quién tomó la decisión? La presidenta.

Esto lo digo con toda claridad, porque el presidente de España, queriendo quedar bien con el rey, dice: «Es un asunto político». Y dio a entender que tuvo que ver conmigo. No, fue la presidenta la que tomó la decisión. Y una vez que ella tomó esa decisión, yo lo que hice fue apoyar a mi presidenta.

Y pongo este ejemplo, te lo digo a ti, puerta, para que lo escuches tú, ventana: no se vayan a confundir, porque va a seguir habiendo orden, va a seguir promoviéndose la paz; desde luego, atendiendo las causas que originan la violencia. La paz es fruto de la justicia. Se va a continuar con esa política, porque no se puede enfrentar la violencia con la violencia, no se puede enfrentar el mal con el mal; el mal hay que enfrentarlo haciendo el bien.

Pero si no se entiende que por encima de todo está el pueblo, el interés popular, entonces sí se hace sentir el Estado, es decir, entonces sí se tiene que poner orden, lo que ya se está haciendo aquí en Sinaloa. Hay integrantes de las Fuerzas Armadas con dos propósitos, dos propósitos muy claros, desde luego, con la intención, el deseo de garantizar la paz en Sinaloa.

El primer propósito es proteger a los sinaloenses, que puedan ir sin temor los niños, las niñas a la escuela, que puedan andar con libertad por las calles. Eso es lo primero, garantizar la paz.

Y lo segundo, aunque parezca contradictorio también, es evitar los enfrentamientos, porque no queremos que nadie pierda la vida; saben ustedes que lo más preciado es la vida de cualquier ser humano. Nosotros lo que queremos es la paz y queremos que todos podamos vivir con tranquilidad en nuestro país y por eso proclamamos el humanismo mexicano. No es decir «Es entre ellos, y hay muertos, pero es entre ellos», no; nos duelen todas las pérdidas de vidas humanas.

Y vamos a seguir participando en Sinaloa con las Fuerzas Armadas para evitar los choques, para evitar los enfrentamientos, y ojalá y se entienda que todos queremos vivir en paz.

Y no es estigmatizar. No nos importa mucho el qué dirán sobre Sinaloa, nosotros lo tenemos muy claro, y aquí ya se dijo, el pueblo de Sinaloa es un pueblo bueno, es un pueblo trabajador, es un pueblo que merece respeto. Y por eso estamos aquí, porque los de la embajada de Estados Unidos sacaron una notificación: «No vayan a Sinaloa, no vayan a Culiacán». Bueno, aquí estamos nosotros para decir: «Cómo no vamos a estar aquí».

Y yo confío en que pronto las cosas vuelvan a la calma, porque durante todo el gobierno no tuvimos ningún problema, fue en estos últimos días, en estos últimos meses, por una decisión que tomaron que no fue correcta y que se fraguó en el extranjero. Por eso, no aceptamos nosotros el injerencismo, no somos colonia, somos un país libre, independiente, soberano.

Ahora que se aprobó la reforma para la Guardia Nacional, el dirigente del partido conservador se paró a decir: «A ver, ¿y ustedes estarían de acuerdo con que los delincuentes fuesen catalogados como terroristas?». ¿Para contar con el apoyo de Gobiernos extranjeros, para que se nos metan aquí de organizaciones extranjeras, ejércitos extranjeros? Y lo vuelvo a decir, se le mandó al carajo, porque nosotros vamos a resolver aquí nuestros problemas.

No queremos que vengan de fuera, porque ¿qué garantía? A cualquiera lo pueden catalogar como terrorista y se meten con sus ejércitos. Y México, repito, es un país libre, independiente y soberano.

Salimos del evento hacia Mazatlán para tomar el avión hacia Tepic, Nayarit.

Sábado 28 de septiembre. Auditorio «Amado Nervo»

En la mañana desayunamos juntos. Se acerca el cierre de la gira. Nuevamente le pregunté al presidente AMLO sobre la relación con Estados Unidos. Me respondió: «Solo recuerda siempre tus principios y no te pelees. No va a haber ningún problema».

Nos dirigimos, junto con el gobernador Miguel Ángel Navarro, a lo que sería el último evento masivo del presidente López Obrador en el Auditorio «Amado Nervo».

En su discurso, dijo:

> Por eso me voy tranquilo, satisfecho. Y a eso vengo, a notificarles que estoy muy contento y a decirles que les comparto mi felicidad. Y nunca, nunca olvidar que todo esto se ha hecho con la participación de millones de mujeres y de hombres; no es nada más el trabajo de un solo hombre, de un dirigente, de un puñado de dirigentes, lo hemos hecho desde abajo y entre todos.

Terminó la asamblea y nos dirigimos a Boca de Chila, un nuevo espacio turístico a cargo de la Secretaría de Marina. Se soltó una lluvia intensa.

Comimos y regresamos a la Ciudad de México. El siguiente sería el último día de gira. Muy pronto sería presidenta constitucional de nuestro amado México. Ese viaje concluía, pero el camino de la transformación apenas comenzaba.

Domingo 29 de septiembre. Chetumal

En el último acto juntos antes de la toma de protesta, viajamos en el avión de la Fuerza Aérea para el primer recorrido del Tren Maya desde Palenque hasta Chetumal. Misión cumplida. Nos recibió Mara Lezama, quien festejaba su cumpleaños, y estaban presentes el general secretario Luis Cresencio Sandoval, visiblemente emocionado; el general Vallejo, comandante del Agrupamiento de Ingenieros «Felipe Ángeles», quien se desempeñó como encargado de la obra del Aeropuerto Internacional «Felipe Ángeles» y del Tren Maya; y el general Cervantes Loza, director general de Ingenieros Militares.

El auditorio reunía a cerca de 300 personas, en su mayoría ingenieras e ingenieros militares, así como representantes de las empresas constructoras de los otros tramos del tren. En mi turno al micrófono, expresé un breve reconocimiento al gobierno del presidente López Obrador:

> Se cierra hoy esta transición histórica que inició el 14 de junio y es mi última intervención antes de asumir como presidenta constitucional de los Estados Unidos Mexicanos.
>
> En estos meses he sido testigo de lo hermoso que es ver a un presidente fundirse con su pueblo y de lo emocionante que es ver a un pueblo fundirse con su presidente. Como usted dice, yo tampoco tengo por qué hacerle la barba, pero da orgullo decir que usted está entre los grandes y que para millones de mexicanos y mexicanas es el mejor presidente que ha tenido nuestro país.
>
> Hoy, si me lo permiten, quiero darle las gracias, además de por su lucha incansable que continúa ahora en la reflexión de la grandeza de nuestro hermoso país, por su generosidad para realizar esta gira de transición histórica. Han sido momentos memorables.

El presidente agradeció a todas y todos, pero en especial al pueblo de México, nuestro soberano. Recordó que, como lo establece el artículo 39 de nuestra Constitución, el poder dimana del pueblo y se instituye en su beneficio; y que el pueblo tiene en todo momento el derecho de cambiar la forma de su gobierno. «El pueblo de México —dijo el presidente— decidió hace muy poco que iba a cambiar la forma de su gobierno, que iba a haber una auténtica democracia y no una oligarquía; ahora es el gobierno del pueblo, para el pueblo y con el pueblo». Eso es la democracia. Así el presidente reafirmó que el poder ya no está arriba, sino en manos del pueblo.

Regresamos a la Ciudad de México. La despedida fue muy emotiva. Lo abracé, le di las gracias. Me abrazó. Son muchos años de caminar con el dirigente y con el querido presidente.

Recorrí el camino a mi casa con muchas lágrimas en los ojos. Andrés Manuel López Obrador, gracias por tanto, hasta siempre. Espero encontrarnos muy pronto. Tal vez cuando termines tu siguiente libro. La historia continúa, y él ya es parte viva de la memoria de nuestra nación.

Cierro esta travesía con un poema de Eduardo Galeano:

> De nuestros miedos nacen nuestros corajes
> y en nuestras dudas viven nuestras certezas.
> Los sueños anuncian otra realidad posible
> y los delirios, otra razón.
> En los extravíos nos esperan hallazgos,
> porque es preciso perderse
> para volver a encontrarse.

Gracias, presidente López Obrador, hasta siempre. Lo que sembraste en conciencia, florecerá en generaciones.

Martes 1.° de octubre de 2024. Toma de protesta

Salí del departamento donde vivo con Jesús. Nos esperaban los vecinos en el estacionamiento. Felicitaciones, abrazos, fotografías. Salimos y cuál fue mi sorpresa: todo el camino lleno de banderas, gente riendo y llorando de felicidad. A lo largo de Calzada de Tlalpan, el cariño se sentía recíproco, profundo, inolvidable.

En la sede del Congreso General me esperaba una comisión. Cuando entré al salón, ya había llegado el presidente López Obrador. Lo abracé al subir al estrado. Abracé a Ifigenia Martínez, quien había estado enferma, pero se empeñó en entregar la banda presidencial como presidenta del Congreso. Un momento histórico. El 2 de junio decidí poner su nombre en la boleta: para mí, ella es mujer de lucha y consecuencia.

Llegó el turno de mi participación. Agradecí a todos los presidentes y representantes de diversos países que nos acompañaron, y a quienes la noche anterior invité a una cena privada.

Cierro este libro con mi discurso de toma de posesión, no sin antes ratificar mi certeza más profunda: el pueblo de México es extraordinario y vivimos un momento estelar.

Es un honor servir a mi pueblo y a mi patria. Nuestros adversarios políticos y la oligarquía quisieran que me deslindara de Andrés Manuel López Obrador, que no lo llamara «presidente». Pero ese deslinde no ocurrirá, y tengo razones para ello: porque respeto a quien ha entregado su vida a la transformación de nuestro país, porque lo admiro con convicción, porque el pueblo al que me debo quiere legítima y genuinamente a AMLO y, finalmente, porque reconocer al otro engrandece al ser humano.

Inicia el segundo piso de la Cuarta Transformación y en ello se nos va hasta el último suspiro y esfuerzo.

¡Viva el pueblo de México!

¡Viva la Cuarta Transformación!

¡Larga vida al presidente López Obrador!

Con el pueblo, todo; sin el pueblo, nada.

DISCURSO DE TOMA DE PROTESTA

Hace exactamente 19 años, en este mismo recinto, en un atropello a la libertad, el jefe de Gobierno del entonces Distrito Federal, Andrés Manuel López Obrador, frente a aquella legislatura, pronunció un discurso que cimbró para siempre la lucha por la democracia, en comparecencia frente al juicio de desafuero, cuyo único propósito era el intento de un fraude anticipado, y dijo: «Ustedes me van a juzgar, pero no olviden que todavía falta que a ustedes y a mí nos juzgue la historia».

Hoy lo decimos con certeza y sin temor a equivocarnos: la historia y el pueblo lo ha juzgado. Andrés Manuel López Obrador, uno de los grandes.

El dirigente político y luchador social más importante de la historia moderna. El presidente más querido, solo comparable con Lázaro Cárdenas, el que inició y termina su mandato con más amor de su pueblo y, para millones, aunque a él no le gusta que se lo digan, el mejor presidente de México, el que inició la revolución pacífica de la Cuarta Transformación.

Usted nos ha pedido en varias ocasiones no develar bustos ni poner su nombre en calles, avenidas, barrios o colonias; tampoco monumentos ni hacer grandes homenajes. La verdad, que no hace falta, porque usted estará por siempre donde solo residen los que luchan toda la vida, los que no se rinden, los que devuelven la esperanza y la alegría; usted estará siempre en el corazón del pueblo de México.

Se retira de la vida pública como un demócrata y maderista, a seguir luchando desde otra trinchera, a escribir sobre lo que ha sostenido desde sus primeros días cuando trabajó con los mayas-chontales: que el origen de la grandeza cultural de México reside en las grandes civilizaciones que vivían en esta tierra siglos antes de que invadieran los españoles. No es casualidad, sino una armonía de la historia, que justamente ayer haya sido publicada en el Diario Oficial de la Federación la reforma a la Constitución Política de los Estados Unidos Mexicanos que otorga derechos plenos a los pueblos indígenas y afromexicanos de México.

Su último libro se titula *¡Gracias!,* y hoy le devolvemos el agradecimiento: profundas gracias, gracias, gracias por siempre. Ha sido un honor luchar con usted, hasta siempre hermano, amigo, compañero, Andrés Manuel López Obrador.

El 2 de junio de este año, el pueblo de México, de forma democrática y pacífica, dijo fuerte y claro: es tiempo de transformación y es tiempo de mujeres.

Hoy, 1.° de octubre de 2024, inicia la segunda etapa: el segundo piso de la Cuarta Transformación de la vida pública de México, y también hoy, después de 200 años de la República y de 300 años de la Colonia, porque previo a ello no tenemos registros claros, es decir, después de al menos 503 años, por primera vez, llegamos las mujeres a conducir los destinos de nuestra hermosa nación. Y digo llegamos, porque no llego sola, llegamos todas.

México es un país maravilloso, con un pueblo extraordinario. Somos una gran nación. Aquí crecieron culturas originarias que dieron al mundo el maíz, el cacao, el jitomate; que construyeron pirámides monumentales, que entendieron los astros, la vida y la muerte como parte de un cambio constante; que nos dieron y siguen dando lenguas vivas como ninguna otra; que tejieron y tejen textiles con manos de mujeres artesanas que se entrelazan con el alma y con la vida; con culturas como la maya, que crearon el cero como parte de una matemática compleja; o la mexica, que creó el método más sustentable de cultivo que se conoce: la chinampa.

México es el país que le dio al mundo a Hidalgo, que inició con unos cuantos el grito de Independencia y al poco tiempo fueron miles que demandaban justicia; el que abolió la esclavitud, el que supo conducir con certeza a su pueblo por el camino de la libertad y se convirtió en Padre de la Patria.

México, el país de Morelos, que supo identificar los sentimientos de la nación para escribir que la soberanía dimana del pueblo, que no se admitiera la tortura, y la urgente necesidad de moderar la opulencia y la indigencia. De Vicente Guerrero que, en el momento difícil, cuando su padre le pedía que aceptara la indulgencia del virrey, supo decir: «La patria es primero».

De Guadalupe Victoria, primer presidente de México, que, después de la Independencia, se rebeló frente al emperador Iturbide para lograr la primera Constitución de la República.

De Josefa Ortiz, quien no solo dio el taconazo para iniciar la Independencia, sino que sabiamente expresó: «No se debe premiar a quien sirve a la patria, sino castigar a quien se sirve de ella».

O de Leona Vicario, madre de la patria, periodista y luchadora por la Independencia que, hace 200 años, supo defender a la mujer por su pensamiento.

De Juárez y los liberales mexicanos, que, antes que nadie en el mundo y de forma visionaria, separaron la Iglesia del Estado y defendieron a la patria frente al invasor.

De los hermanos Flores Magón, que demandaron justicia y libertad antes que nadie en el siglo XX; de los obreros de Río Blanco y Cananea.

Y de Madero, que dejó todo para llamar al pueblo a las armas para luchar por la democracia.

De Zapata, que supo demandar tierra y libertad; del valiente Villa y también de Carranza, como único gobernador que se levantó frente al golpe de Estado huertista.

México es de los constitucionalistas de 1917.

De Lázaro Cárdenas, que repartió la tierra y expropió el petróleo.

De Margarita Maza; de Adela Velarde, que comandó a Las Adelitas en la Revolución; de Dolores Jiménez y Muro; de Elvia Carrillo Puerto y de las sufragistas; de Frida Kahlo; de Enriqueta González Baz, primera mujer matemática.

México es de mujeres y hombres libres que, a lo largo del siglo XX, lucharon por la democracia, las libertades, la justicia; de los estudiantes de 1968, de los cientos de hombres y mujeres que hoy no están, pero de quienes orgullosamente somos herederos.

México es un país maravilloso por nuestro mosaico cultural, por nuestra biodiversidad.

México es maravilloso gracias a nuestros paisanos y paisanas, héroes y heroínas que viven en Estados Unidos y que con amor a su familia y a su patria envían su apoyo todos los meses.

México es un país maravilloso por su pueblo: generoso, solidario, alegre, libertario, resistente, rebelde, sabio y, hoy, empoderado.

Y hoy México, gracias a todas y todos, somos la doceava economía y el sexto destino turístico. México es grandioso.

Llamo a todas y todos a que hagamos una reflexión, que evaluemos con la cabeza fría qué pasó durante estos seis años, con datos duros, reconocidos nacional e internacionalmente, y con ello respondámonos las siguientes preguntas:

¿Cómo es que 9.5 millones de mexicanas y mexicanos, de acuerdo con el Banco Mundial, salieron de la pobreza en tan solo seis años? ¿Cómo es que, sin subir impuestos, se redujeron las desigualdades? ¿Cómo es que somos de los países de la OCDE menos endeudados y con una moneda fuerte? ¿Cómo es que somos de los países con menos desempleo? ¿Cómo es que hay más bienestar y al mismo tiempo ganaron más los empresarios y los bancos? ¿Cómo es que estamos en récord de inversión extranjera directa y, al mismo tiempo, aumentaron los salarios? ¿Cómo es que aumentó el salario mínimo y no subió la inflación?

La respuesta es: cambió el modelo de desarrollo del país para bien, del fracasado modelo neoliberal y el régimen de corrupción y privilegios a uno que surgió de la fecunda historia de México, del amor al pueblo y de la honestidad: el humanismo mexicano. Por eso hablamos de una transformación profunda. Y, aceptémoslo, a todas y todos les ha ido mejor.

Con este pensamiento y su puesta en marcha se cayeron muchos mitos y engaños del pasado. Por ejemplo, durante el periodo neoliberal, ese que le costó tanto al pueblo de México y que marcó nuestra historia por 36 largos años, se decía que el Estado debía diluirse o subordinarse a las fuerzas del mercado, que si la economía se regaba desde arriba iba a llegar a los de abajo, que si aumentaba el salario mínimo iba a haber inflación y no iba a haber inversión extranjera, que si el Estado participaba en la economía iba a haber crisis económica y devaluación, que la corrupción era inherente al Gobierno, que la libertad solo existe en el mercado, que la educación, la salud, la vivienda y el salario justo eran mercancías y no derechos. Todo resultó falso.

Por ello, para bien de México, de todas y todos, vamos a continuar con el humanismo mexicano, con la Cuarta Transformación. Resumo algunos de los que considero sus principales principios:

1. Para que haya prosperidad, debe ser compartida, o, dicho de otra forma: «Por el bien de todos, primero los pobres».
2. No puede haber Gobierno rico con pueblo pobre. Esta es una frase de Benito Juárez García que los gobiernos de la transformación hacemos realidad y que sostiene que el gobernante debe vivir en la justa medianía, sin lujos, parafernalias o privilegios, y que el Gobierno no debe ser una carga para el pueblo. A eso llamamos austeridad republicana.
3. Los y las gobernantes debemos ser honrados, honestos; la corrupción pervierte todo. El uso de las estructuras de Gobierno para el

beneficio personal o de un grupo ensucia el servicio público. La corrupción debe combatirse por ética y por principios, pero también porque ahí radican los recursos necesarios para el bienestar del pueblo y el desarrollo de la nación. En pocas palabras, la honestidad da resultados. Además, la autoridad moral es lo más importante y esa no se compra en la esquina, se construye con una sola mística, la de luchar con honradez, todos los días, por un México con justicia, democracia y libertad.

4. El principio máximo de que la democracia es el gobierno del pueblo, por el pueblo y para el pueblo, o, regresando a Juárez: «Con el pueblo, todo; sin el pueblo, nada».
5. Prohibido prohibir. La libertad es esencia de la democracia.
6. El desarrollo y el bienestar del pueblo solo pueden fortalecerse con el cuidado del medio ambiente y los recursos naturales. El desarrollo es sustentable o no será.
7. Las mujeres tenemos derecho a la igualdad sustantiva.
8. México es un país soberano, independiente, libre y democrático. Queremos la paz y la fraternidad de las naciones; y nos coordinamos, mas no nos subordinamos.
9. La política se hace con amor, no con odio. La felicidad y la esperanza se fundan en el amor al prójimo, a la familia, a la naturaleza y a la patria.
10. Condenamos el clasismo, el racismo, el machismo y cualquier forma de discriminación. No es un asunto solo de tolerancia, es el reconocimiento de que la profundización de las desigualdades llevará siempre a la injusticia. La fraternidad significa vernos a los ojos como iguales.

Con esto en mente, les manifiesto:

Garantizaremos todas las libertades, la de expresión, de prensa, de reunión, de movilización. La libertad es un principio democrático y nosotros somos demócratas. Se respetarán los derechos humanos y nunca usaremos la fuerza del Estado para reprimir al pueblo.

Respetaremos y garantizaremos la diversidad religiosa, política, social, cultural y sexual de nuestra sociedad. Cualquiera que diga que habrá autoritarismo está mintiendo.

Toda mi vida luché por la democracia junto a millones de mexicanos y mexicanas, llegamos a la Presidencia por voluntad del pueblo de México y seguiremos fortaleciendo una verdadera democracia, libertades, y respetaremos la propiedad privada y social, como lo establece la Constitución.

Nuestra política exterior seguirá los principios constitucionales de autodeterminación de los pueblos, la no intervención y la solución pacífica de controversias.

En materia económica, se mantendrá la autonomía del Banco de México, una política fiscal responsable, una proporción razonable entre deuda y producto interno bruto.

Promoveremos la inversión pública y la inversión privada. Lo digo con toda claridad: tengan la certeza que las inversiones de accionistas nacionales y extranjeros estarán seguras en nuestro país.

No aumentará el precio de las gasolinas, diésel, gas doméstico ni electricidad en términos reales. En las próximas semanas estaremos convocando a empresarios para confirmar el acuerdo que mantiene sin aumentos los precios de la canasta básica.

Aprovecharemos la relación del tratado comercial con Estados Unidos y Canadá para seguir impulsando la relocalización de las empresas, mientras se promueve el desarrollo regional con bienestar y cuidado al medio ambiente. Estados Unidos, Canadá y México sabemos que la cooperación económica fortalece a las tres naciones.

Es claro que entre nosotros no competimos, nos complementamos y, además, generamos las condiciones para una mayor consolidación de la economía de todo el continente en una visión de presente y futuro de la economía mundial.

Seguiremos fortaleciendo nuestra relación económica y cultural con los países de América Latina y el Caribe. Nos une historia y compromiso, así como con los diferentes países y regiones del mundo.

Trabajaremos de la mano del sector empresarial y de las y los trabajadores para que siga aumentando el salario mínimo. Nuestro objetivo es que alcance para dos y media canastas básicas.

Haremos el programa de digitalización más ambicioso de la historia de México, para facilitar el pago de impuestos y otros trámites, así como para incentivar la inversión.

Habrá Estado de derecho. La reciente reforma constitucional al Poder Judicial que marca la elección por voto popular de jueces, magistrados y ministros significa más autonomía e independencia de este poder.

Piénsenlo solo por un momento: si el objetivo hubiera sido que la presidenta controlara la Suprema Corte, hubiéramos hecho una reforma al estilo Zedillo. No, eso era autoritarismo, nosotros somos demócratas.

Queremos que se termine la corrupción en el Poder Judicial; es un proceso en donde habrá una convocatoria única, un comité de selección de candidatas y candidatos para garantizar que cumplan los requisitos y quien decidirá será la gente, el pueblo.

¿Cómo va a ser autoritaria una decisión que en esencia es democrática?

Estoy segura de que, en unos años, todas y todos estaremos convencidos de que esta reforma es lo mejor. Aprovecho para decirles a las y los trabajadores del Poder Judicial que sus salarios y derechos laborales están salvaguardados.

Se mantendrán todos los programas del Bienestar y nos aseguraremos de que su incremento anual nunca esté por debajo de la inflación. Además, está por aprobarse en el Congreso que estos derechos se vuelvan constitucionales, para que nadie los pueda revertir.

Pensión universal para las y los adultos mayores, pensión universal a personas con discapacidad, becas Benito Juárez para estudiantes de preparatorias públicas, becas a estudiantes de escasos recursos, Sembrando Vida, Jóvenes Construyendo el Futuro, Producción y Pesca para el Bienestar, fertilizantes gratuitos, Precios de Garantía, La Escuela es Nuestra y La Clínica es Nuestra. Todos seguirán.

Haremos realidad tres programas de Bienestar nuevos:

> Todas las mujeres de 60 a 64 años tendrán un apoyo bimestral, como un reconocimiento al trabajo de las mujeres mexicanas.
>
> Todos los niños y niñas que van a escuela pública de preescolar, primaria y secundaria tendrán una beca; iniciaremos el próximo año con secundaria. Las y los niños deben ser felices. De ellas y ellos no solo es el futuro, sino el presente.
>
> Llevaremos a las y los adultos mayores la prevención y atención de la salud a su casa. Para ello, contrataremos a más de 20 000 médicos, médicas, enfermeros y enfermeras.

El reconocimiento constitucional de los pueblos indígenas y afromexicanos lo haremos una realidad.

Consolidaremos el IMSS-Bienestar como el mejor sistema de salud pública gratuita y de calidad.

Aumentaremos el número de preparatorias y universidades públicas para que al menos llegue la educación superior a 300 000 espacios más.

El acceso a la educación y a la salud son derechos del pueblo de México, no son privilegios.

Construiremos al menos un millón de viviendas, especialmente para jóvenes, en esquemas en donde primero puedan rentar y después adquirir la vivienda si lo desean. Además, habrá créditos a bajo costo para mejoramiento de vivienda y un programa masivo de escrituración.

En materia de infraestructura, se ampliará el Tren Maya a puerto Progreso, en Yucatán, y en sus más de 1 500 kilómetros será también tren de carga.

Se terminará la Línea K del Tren Interoceánico, que va de Ciudad Ixtepec a Ciudad Hidalgo, en Chiapas, frontera con Guatemala.

Además, llevaremos a cabo la hazaña de construir 3000 kilómetros más de trenes de pasajeros, de Ciudad de México a Pachuca, de Ciudad de México a Nuevo Laredo y de Ciudad de México a Nogales, así como la recuperación del tren de pasajeros a Veracruz. El tren genera orgullo, desarrollo regional, empleos, turismo y prosperidad compartida.

Seguiremos con caminos artesanales para conectar comunidades y con la construcción de puertos, aeropuertos y carreteras que generen desarrollo, bienestar y, al mismo tiempo, fortalezcan la infraestructura y conectividad de nuestro país y potencien la inversión privada nacional y extranjera.

Como lo manifestamos desde la campaña, se mantendrá la proporción actual entre la generación pública y privada de electricidad, de 54 y 46%, respectivamente. En unos días presentaremos el Plan Nacional de Energía, que incluye nuevas inversiones en transmisión, generación y un programa ambicioso de transición energética hacia fuentes renovables de energía que contribuyan a la disminución de gases de efecto invernadero que provocan el cambio climático global.

La inversión privada para cubrir el 46% de la generación se hará con reglas claras, en el marco de la ley y garantizando la estabilidad del sistema eléctrico.

A todas y todos nos convienen empresas de energía públicas del Estado fuertes, que garanticen energía limpia, a precios bajos para las actuales y futuras generaciones.

El objetivo fundamental de la producción de petróleo seguirá siendo el consumo nacional y este se limitará a una producción máxima de 1.8 millones de barriles diarios.

Recuerden que la reforma energética proponía una producción de tres millones de barriles diarios. Eso es ambientalmente imposible, es mejor promover la eficiencia energética y las fuentes renovables. Para ello, aceleraremos las normas para que los vehículos que se vendan en México sean cada vez más eficientes, es decir, consuman menos gasolina y diésel; y se promueva la electromovilidad.

Avanzaremos en la soberanía y autosuficiencia alimentaria; no permitiremos la siembra de maíz transgénico. Seremos autosuficientes no solo en maíz blanco, sino en frijol y otros cultivos.

Y Diconsa se transforma en Alimentación para el Bienestar, con el objetivo de promover precios y comercio justos para diversos productos agropecuarios y seguir atendiendo a 22 millones de familias con productos a bajo costo.

Construiremos en Tula, Hidalgo, el proyecto de economía circular más ambicioso del mundo. Esto quiere decir que haremos un complejo ambiental para aprovechar los residuos, tratamiento de agua, generación de energía y productos reciclados, lo cual nos permitirá reducir la contaminación y generar empleos. La ciudad más contaminada de México será la ciudad más limpia.

Arrancaremos el ordenamiento de las concesiones y la transmisión de derechos de agua. Para ello, este mes firmaremos un Acuerdo Nacional por la Seguridad y Sustentabilidad Hídrica, con todos los actores, y haremos las reformas jurídicas para garantizar el agua como un recurso de la nación.

Tecnificaremos más de 200 000 hectáreas de riego y desarrollaremos proyectos estratégicos para abastecimiento y reciclaje de agua.

Vamos a limpiar, a sanear, los tres ríos más contaminados del país.

Haremos de México una potencia científica y de la innovación. Para ello, apoyaremos las ciencias básicas, naturales, sociales y las humanidades, y las vincularemos con áreas y sectores prioritarios para el desarrollo nacional.

Las mexicanas y mexicanos tenemos creatividad, tesón y capacidad de sobra. Estoy convencida de que no podemos quedarnos atrás en el desarrollo tecnológico propio. Pensémoslo, tenemos grandes pensadores e innovadores desde tiempos prehispánicos, tenemos universidades y tecnológicos de primera, y las y los mexicanos somos trabajadores y creativos.

En materia de seguridad, garantizaremos la disminución de los delitos de alto impacto. No regresará la irresponsable guerra contra el narco de Calderón, que tanto daño le sigue haciendo al pueblo de México.

Nuestra convicción es que la seguridad y la paz son fruto de la justicia y nuestra estrategia consiste en cuatro ejes: atención a las causas, consolidación de la Guardia Nacional, inteligencia e investigación, y coordinación. Lo hice como jefa de Gobierno de la Ciudad de México, disminuimos más del 50% los homicidios dolosos en tres años.

Aprovecho para decir que el día de mañana por la tarde estaremos en Acapulco para dar continuidad a la atención inmediata que ha dado el Gobierno de México y apoyaremos, no dejaremos solos a todos los damnificados de Guerrero y otros estados.

Dije que el pueblo fue muy claro al decir: es tiempo de transformación y también tiempo de mujeres, de todas las mujeres.

Durante mucho tiempo, las mujeres fuimos anuladas, a muchas de nosotras nos contaron desde niñas una versión de la historia que nos quería hacer creer que el curso de la humanidad era protagonizado únicamente por hombres. Poco a poco esa visión se ha ido revirtiendo; hoy sabemos que las mujeres participaron en las grandes hazañas de la historia de México desde diferentes trincheras y también sabemos que las mujeres podemos ser presidentas.

Y con ello hago una respetuosa invitación a que nombremos *presidentA,* con «A» al final, al igual que abogada, científica, soldada, bombera, doctora, maestra, ingeniera, con «A», porque, como nos han enseñado, solo lo que se nombra, existe.

Hoy quiero reconocer no solo a las heroínas de la patria, a las que seguiremos exaltando, sino también a todas las heroínas anónimas, a las invisibles, que con estas líneas hago visibles, a las que con nuestra llegada a la Presidencia y estas palabras hago aparecer, las que lucharon por su sueño y lo lograron, las que lucharon y no lo lograron.

Llegan las que pudieron alzar la voz y las que no lo hicieron; llegan las que han tenido que callar y luego gritaron a solas; las indígenas; las trabajadoras del hogar que salen de sus pueblos para apoyar a las demás; las bisabuelas que no aprendieron a leer y escribir porque la escuela no era para niñas; llegan nuestras tías, que encontraron en su soledad la manera de ser fuertes; las mujeres anónimas, las heroínas anónimas que, desde su hogar, las calles o sus lugares de trabajo lucharon por ver este momento.

Llegan nuestras madres que nos dieron la vida y después volvieron a dárnoslo todo; nuestras hermanas que, desde su historia, lograron salir adelante y emanciparse; llegan nuestras amigas y compañeras; llegan nuestras hijas hermosas y valientes; y llegan nuestras nietas; llegan ellas, las que soñaron con la posibilidad de que, algún día, no importaría si nacimos siendo mujeres u hombres, podemos realizar nuestros sueños y deseos sin que nuestro sexo determine nuestro destino. Llegan ellas, todas ellas, que nos pensaron libres y felices.

Y con todas ellas, aquí a nuestro lado, llegan nuestros más grandes sueños y anhelos, llega el pueblo de México, hombres y mujeres empoderados. La transformación les devolvió la dignidad, la libertad y la felicidad, y nunca nadie más se las podrá quitar.

Soy madre, abuela, científica y mujer de fe, y a partir de hoy, por voluntad del pueblo de México, la presidenta constitucional de los Estados Unidos Mexicanos.

Gobernaré para todos y para todas, y tengan la certeza de que pondré mi conocimiento, mi fuerza, mi historia y mi vida misma al servicio de mi pueblo y de mi patria.

Tengo la certeza de que consolidaremos juntas y juntos un México cada día más próspero, libre, democrático, soberano y justo.

Les convoco a seguir haciendo historia.

¡Que viva la Cuarta Transformación!
¡Que viva México!
¡Que viva México!
¡Que viva México!

Palacio Legislativo de San Lázaro, 1.º de octubre de 2024.

REFLEXIONES SOBRE LA LLEGADA DE LA PRIMERA MUJER A LA PRESIDENCIA DE MÉXICO

El 1.º de octubre de 2024, cuando tomé protesta como presidenta constitucional de los Estados Unidos Mexicanos en el recinto del Congreso de la Unión, sentí que no era solo mi voz la que se alzaba al pronunciar las palabras del juramento. Era la voz de millones de mujeres mexicanas que a lo largo de nuestra historia han luchado por la justicia, por la igualdad, por la libertad y por el derecho a decidir sobre sus vidas y su destino.

Decir en voz alta: «Es tiempo de mujeres» no fue únicamente una consigna, sino el reconocimiento de un cambio profundo que el pueblo de México decidió con su voto. No se trata solo de que una mujer ocupe la más alta responsabilidad del país, sino de lo que ese hecho significa: la ruptura de una barrera histórica, la confirmación de que la democracia mexicana está viva, y la certeza de que las niñas y jóvenes de hoy pueden soñar y construir sin límites.

La Cuarta Transformación, esa gran obra colectiva iniciada por millones de mexicanas y mexicanos, tiene en la igualdad uno de sus pilares más firmes. No se puede hablar de justicia social sin la participación plena de las mujeres; no puede hablarse de democracia si persiste la exclusión; no puede hablarse de libertad si la violencia contra las mujeres aún acecha en los hogares, en las calles o en los centros de trabajo.

Al llegar a la Presidencia, asumí también una deuda con la historia: con Leona Vicario, con Josefa Ortiz Téllez Girón, con las soldaderas de la Revolución, con las maestras rurales, con las trabajadoras y con todas las mujeres que, con su esfuerzo silencioso, han sostenido a México. Pero, sobre todo, asumí un compromiso con las mujeres del presente, con las madres que defienden la vida y la dignidad de sus familias, con las mujeres indígenas y con las niñas que nos miran con esperanza.

Este no es un logro personal. Es la victoria de un pueblo que entendió que la igualdad no es concesión, sino derecho; que la Cuarta Transformación encarna en la dignidad de cada persona. Hoy puedo decir con certeza: México decidió que nunca más la voz de las mujeres será secundaria, nunca más sus derechos serán aplazados.

Ser la primera presidenta de México significa abrir una puerta que ya no se cerrará. El camino que recorremos juntas y juntos no es fácil, pero es irreversible. Así como la Independencia, la Reforma y la Revolución marcaron nuestro destino, la Cuarta Transformación será recordada también como el tiempo en que el pueblo de México decidió ser un país más justo, más democrático, más igualitario y más humano.

Porque, cuando una mujer llega a la Presidencia, no llega sola: llegan con ella todas las mujeres del país y, con ellas, la esperanza de un México que camina hacia adelante con la fuerza de su pueblo y con la convicción de que la igualdad es justicia.

ARCHIVO FOTOGRÁFICO III

Del 6 al 8 de septiembre

Hotel Tren Maya Tulum, Quintana Roo

Tren Maya, Cancún-Playa del Carmen

Supervisión de obra en Bacalar, Quintana Roo

10 DE SEPTIEMBRE

Primer mensaje como presidenta electa a los cadetes del Colegio Militar y de la Marina

Inauguración del Museo de Sitio de Calakmul

Firma del decreto para la publicación de la reforma al Poder Judicial, Palacio Nacional

Desfile cívico-militar. 214.° aniversario del Grito de Independencia

Del 20 al 23 de septiembre

Estación del Tren Maya

Inauguración del camino Benito Juárez, Oaxaca

Acto de repatriación y memoria del revolucionario mexicano Catarino Garza Rodríguez, Tamaulipas

24 DE SEPTIEMBRE

Inauguración de la Cuarta Sección del Bosque de Chapultepec y del Cablebús

29 DE SEPTIEMBRE

Estación Chetumal del Tren Maya

Presidenta Claudia Sheinbaum durante la transmisión del Poder Ejecutivo Federal